킬링 리더 vs 힐링 리더

킬링 리더 vs 힐링 리더

초판 1쇄 2015년 10월 25일
초판 2쇄 2016년 5월 25일

지은이   송수용
펴낸이   김광열
펴낸곳   (주)스타리치북스

출판책임 이혜숙
책임편집 한수지
출판진행 안미성
편집교정 황인순
본문편집 권대홍 · 조인경
경영지원 공잔듸 · 권다혜 · 김문숙 · 김지혜 · 김충모 · 김진영
       문성연 · 박지희 · 신자은 · 유다윤 · 이광수 · 이지혜
       임형도 · 정은희 · 정종국 · 한정록 · 황경옥 · 허태연

등록 2013년 6월 12일 제2013-000172호
주소 서울시 강남구 강남대로62길 3 한진빌딩 3~8층
전화 02-2051-8477

스타리치북스 페이스북   www.facebook.com/starrichbooks
스타리치북스 블로그   blog.naver.com/books_han
스타리치 잉글리시   www.starrichenglish.co.kr
스타리치몰   www.starrichmall.co.kr
홈페이지   www.starrich.co.kr

값 17,000원
ISBN 979-11-85982-14-4 13190

킬링 리더 vs 힐링 리더

| 송수용 지음 |

프롤로그

"제가 궁금한 게 있어서 그러는데 좋은 리더가 되기 위한 준비 조건은 무엇이고 리더는 어떤 조건을 갖춰야 하는지 알고 싶습니다."

희정 학생
"리더에 대해 호기심을 가지고 있으니 반드시 훌륭한 리더가 되실 거예요.
좋은 리더가 되기 위한 준비 조건은 사람마다 생각이 다르겠지만, 제가 가장 중요하게 생각하는 조건은 자신을 진심으로 사랑하는 거예요. 그리고 자신 안에 있는 진짜 잠재력을 발견하고 그 잠재력을 개발해 자신이 가치 있게 생각하는 일을 할 수 있는 능력을 갖추는 것이지요.
리더는 바로 자신을 사랑하는 마음으로 다른 사람들을 진심으로 아끼고 사랑합니다. 그리고 자신이 잠재력을 개발한 경험으로 다른 사람들의 잠재력 개발을 돕는 사람이 바로 리더라고 생각해요."

계명대학교에 특강을 다녀왔는데 강의가 끝난 후 한 학생이 좋은 리더의 조건을 문자 메시지로 질문을 해 와서 제가 답변한 내용입니다.
리더는 자신을 존중하고 사랑하는 만큼 다른 사람을 존중과 사랑으로 이끌 수 있습니다.

송수용 / The 위로

매일 한두 편의 글을 통해 독자들과 소통하고 있는 '송수용의 위로'라는 채널에 올린 글입니다. 한 사람의 리더는 조직이나 공동체 전체의 운명에 결정적인 영향을 미칩니다. 리더가 제일 먼저 갖추어야 하는 조건은 자신을 진심으로 사랑하고 존중하는 것입니다. 자신을 존중하지 못하는, 자존감이 부족한 리더는 다른 사람들도 함부로 대하고 무책임하게 행동합니다. 304명의 소중한 생명을 무심히 앗아간 세월호 참사는 리더로서 책임의식이 전혀 없는 리더가 얼마나 큰 재앙을 불러올 수 있는지 보여 줍니다. 저는 이러한 리더를 '킬링 리더'라고 부릅니다.

'킬링 리더'는 자신의 언어와 행동, 판단과 선택을 통해 구성원들의 의욕과 사기를 무너뜨리고, 표면적으로는 조직을 위한다는 대의명분하에 실제로는 자신의 욱하는 성격대로 조직을 이끌어 결국 조직의 지속 가능성에 치명적인 해악을 끼치는 리더를 말합니다. 정보가 일부 리더에게 편중되어 있고, 구성원들의 지식과 의식수준이 리더에 비해 부족하며, 수요가 공급을 초과해 생산만 하면 판매가 되던 시기에는 이러한 킬링 리더의 행동이 용납될 수 있었습니다.

그러나 지금은 모든 사람이 자유롭게 정보에 접근할 수 있으며, 구성원들의 수준이 리더에 비해 뒤지지 않고, 공급이 수요를 초과해 경쟁이 치열한 시대입니다. 이러한 시대는 모든 구성원이 조직의 목적과 방향을 공유하고 개인이 가진 역량을 최대한 발휘해 창의적인 전략과 도전적인 실행을 하지 않으면 살아남기 어려운 상황입니다. 이런 상황에서 더는 '킬링 리더'의 역할이 허용되어서는 안 됩니다. 조직과 구성원 모두에게 치명적인 위협이 되기 때문입니다.

반면에 한 사람의 '힐링 리더'는 수만 명의 인생과 미래를 다시 살려 냅니다. 부채 총액이 20조 원이 넘는 상태에서 산하 노조가 8개나 되며, 연봉이 3억 원이 넘는 직원들이 처우 개선을 요구하는 회사가 있습니다. 누가 봐도 재기 불능입니다. 실제 여러 경영자가 파견되었으나 회생에 실패했습니다. 그러나 사람의 마음을 진심으로 움직이는 '힐링 리더'가 부임한 뒤 회사는 3년이 못 되어 수천억 원의 영업이익을 냈습니다. 일본의 항공사 JAL을 회생시킨 이나모리 가즈오 회장 이야기입니다.

'힐링 리더'는 자신의 마음과 성격을 먼저 힐링해 스스로를 존중하고 사랑하여 다른 사람에게도 편견이나 선입견 없이 존중으로 대함으로써 구성원들이 스스로 의욕과 자부심을 가지고 자신의 모든 잠재역량을 발휘할 수 있도록 심적, 물리적 여건과 환경을 제공하는 리더를 말합니다.

많은 기업에서 리더십과 동기부여 강의를 하면서 훌륭한 리더를 많이 만났습니다. 그러나 아직도 시대와 상황을 파악하지 못하고 과거의 패러다임에 얽매여 킬링 리더의 언행으로 조직을 위험에 빠뜨리고 있으면서도 정작 자신은 그 심각성을 인지하지 못하고 있는 리더도 여럿 볼 수 있었습니다. 이 책은 이러한 리더들을 위해 '킬링 리더'와 '힐링 리더'의 개념과 모습을 명확하게 정리해 보여 줌으로써 조직의 운명을 책임지고 있는 리더들이 자신을 돌아보는 단서가 되기를 바라는 마음에서 쓰게 되었습니다.

1장에서는 조직을 위한다면서 조직을 망치는 '킬링 리더'와, 개인과 조직을 함께 살려 내는 '힐링 리더'의 개념에 대해 구체적인 사례를 들어 설명합니다.

2장은 리더 자신이 먼저 힐링을 경험해야 진정한 '힐링 리더'가 될 수 있다는 리더의 '셀프 힐링'을 다루고 있습니다. 리더 자신의 분노, 열등감, 스트레스를 어떻게 힐링해야 하는지, 나와 조직을 지키기 위해 주의해야 할 것은 무엇인지, 나아가 리더 자신의 고유한 탁월성을 발견하는 법과 영혼을 돌보는 방법까지 이야기합니다.

　3장에서는 리더 개인의 힐링을 넘어 최강의 팀으로 거듭나기 위한 '팀 힐링'에 관한 치유 전략을 제시합니다. 팀장에 대한 불신을 고치는 법, 소통 결핍과 이기주의를 깨부수는 방법, 최강의 팀이 되어 조직 전체에 혁신을 불러일으키는 방안 등을 살펴보았습니다.

　4장은 1,000년을 넘게 지속할 위대한 기업을 구현하게 만드는 기업 문화를 창출하는 '컬처 힐링'에 대한 이야기입니다. 조직의 근간을 흔드는 '리더 분열증'을 치유하는 법, 이상적인 조직 문화 정착에 필요한 교육 체계 갖추기, 반드시 성과로 결과를 증명하는 강한 조직 문화의 조건, 위대한 기업이 되기 위해 일상 속에서 기업 문화가 어떻게 정착되어야 하는지에 대해 실제적인 사례를 들어 구체적으로 알아보았습니다.

　이 책에서는 리더십에 관한 추상적인 개념이나 이론적인 용어들은 최대한 피하고 조직이나 공동체의 현장에서 쉽게 이해하고 바로 적용해 볼 수 있도록 다양한 사례를 구체적으로 제시하기 위해 노력했습니다. 어떤 내용들은 리더들이 여기서 제시된 상황을 그대로 따라 해 봐도 좋을 것입니다. 또 어떤 내용들은 팀원들이 모여서 책에 나온 상황에 대해 케이스 스터디를 하면서 자신이 속한 팀에는 어떻게 응용해서 적용할 수 있는지 토의하는 것도 괜찮은 방법입니다.

리더를 킬링 리더와 힐링 리더로 이분법적으로 구분하는 것이 실제로는 상당히 무리라는 것을 잘 알지만 리더들이 해야 할 일과 하지 말아야 할 일들을 단순 명쾌하게 제시하기 위해서 두 개념의 대결 구도로 콘셉트를 정했습니다. 모쪼록 이 부족한 책이 현장에서 조직과 공동체의 발전과 지속 가능성을 위해 헌신하고 있는 리더들에게 위로와 성찰의 단서가 될 수 있기를 간절히 소망합니다.

책을 준비하는 지난 2년여 시간 동안 많은 분의 도움을 받았습니다. 무엇보다 매주 토요일 아침 7시, 모두가 잠들어 있는 시간에 깨어 움직이며 'DID 토요 저자 특강'을 듣기 위해 달려와 주신 DID 청중들, 그리고 그 청중들에게 깊은 감동과 신선한 통찰력을 전해 주셨던 저자님들을 통해 많은 영감과 아이디어를 얻었음에 진심으로 감사의 말씀을 전합니다. 아빠가 책을 쓰느라 함께 있어 주지 못함에도 늘 아빠를 응원해 준 사랑하는 아들딸 요셉, 은총, 평안이도 고맙고요. 항상 분주한 남편의 모자람에도 힘이 되어 주고 변함없는 지지를 보내 주는 사랑하는 아내 은경에게도 정말 고맙다는 말을 전합니다. 끝으로 저에게 리더로서의 아름다운 가치와 귀한 책임감을 알게 해 주신 나의 최고의 힐링 리더이신 아버지 송근도 선생께 존경과 감사의 말씀을 올립니다.

Contents

프롤로그   4

CHAPTER 01   나는 **킬링 리더**인가 **힐링 리더**인가

1. 조직을 위한다면서 조직을 망치는 킬링 리더   15
2. 어제의 탁월한 리더가 오늘 킬링 리더가 된 이유는?   22
3. 개인과 공동체를 같이 살려 내는 힐링 리더   27
4. 힐링 리더는 지존의 위치에서도 종의 마음을 갖는다   35
5. 킬링과 힐링 사이   43
6. 킬링 리더를 부르는 킬링 팔로워   50
7. 언어, 생각, 행동의 선택으로 이루어지는 힐링 리더십   58

CHAPTER 02   먼저 힐링을 경험해야 **힐링 리더**가 될 수 있다 '셀프 힐링'

1. 나를 망치는 분노, 열등감, 완벽주의 다루기   71
2. 스트레스를 연료로 꿈을 이루다   82
3. 냉소가 주는 우월감보다 미소가 주는 행복감을 택하라   90
4. 나와 조직을 지키기 위해 'No!'라고 말해야 하는 순간들   96
5. 최고의 힐링은 나만의 고유성을 발견하는 것이다   104
6. 결정적인 순간 나의 발목을 잡는 나쁜 습관과 이별하라   114
7. 리더의 영혼을 돌보는 침묵과 사색의 힘   122
8. 그러나 결국 사랑이 없으면 아무것도 아니다   130

CHAPTER 03 힐링된 최강의 팀으로 혁신을 선도한다 '팀 힐링'

1. 팀의 가장 큰 고질병, 팀장에 대한 불신을 고치는 법   141
2. 팀의 동맥경화 '소통 결핍' 극복하기   149
3. 캥거루 팀을 만드는 '이기주의' 깨부수기   156
4. 패배가 습관화된 약골 팀의 '골 결정력' 키우기   166
5. 현재에 안주해 미래가 안 보이는 팀의 '창의 본능' 깨우기   174
6. 팀이 최강이라는 증거는 바로 '웃음'이다   182
7. 팀도 정기적인 건강검진이 필요하다   189
8. 자기 팀을 넘어 조직 전체의 혁신을 촉발한다   197

CHAPTER 04 1,000년을 지속할 위대한 기업을 빚는다 '컬처 힐링'

1. 무엇이 병인 줄 모르는 '문화 백치증' 치유하기   209
2. 조직의 뿌리를 흔드는 '리더 분열증' 고치기   217
3. 일관성 부재가 초래하는 '집단 어지럼증' 개선하기   224
4. 능력은 우수하지만 문화를 해치는 '컬처 킬러' 대응법   232
5. 이상적 조직 문화 구현을 정착하는 '컬처 힐링' 교육 체계   241
6. 성과는 문화로, 문화는 성과로 검증한다   249
7. 1,000년을 지속할 위대한 기업의 일상 속 기업 문화   257

에필로그   266
참고문헌   269

CHAPTER 01

나는 **킬링 리더**인가
힐링 리더인가

리더는 배를 지휘하여 목적지에 안전하게 도착시키는 선장과 같습니다.
돌발 상황이 발생했을 때는 침착하게 상황을 판단하여 선원들을 통솔하고
배에 탄 사람들을 인도하여 안정을 찾을 수 있도록 해야 합니다.

조직을 위한다면서
조직을 망치는 킬링 리더

'배(ship) 중에서 최고의 배(ship)는 Leadership이다.'

미국 해군사관학교 복도에 걸려 있는 문구라고 합니다. 바다에서 전투를 치러야 하는 해군 장교가 될 생도들에게 리더십의 중요성을 알려 주는 센스 있는 문장이 아닐 수 없습니다.

리더는 배를 지휘하여 목적지에 안전하게 도착시키는 선장과 같습니다. 선장은 자신이 이끄는 배에 대해 누구보다 잘 알고 있습니다. 최종 항로의 특성도 정확히 꿰고 있습니다. 중간에 돌발 상황이 발생했을 때는 침착하게 상황을 판단하여 선원들을 통솔하고 배에 탄 사람들을 인도하여 안정을 찾을 수 있도록 합니다. 배에 오르는 사람들은 선장이면 당연히 이렇게 할 것이라고 생각합니다.

탑승객 476명 중 172명 구조, 295명 사망, 9명 실종. 2014년 4월 16일 발생한 세월호 참사의 결과입니다. 정말 절대로 일어나서는 안 되는 일이 발생하고 말았습니다. 배의 선장은 제일 먼저 구조된 사람들 가운데 섞여 있었습니다. 아직도 배에는 수많은 생명이 구조를 기다리고 있었고 배는 기울어 가고 있는 중이었습니다. 배에 탔던 승객들은 최고 리더인 선장의 지시만 따르면 모두가 잘될 줄 알았을 텐데요.

리더가 자신의 지휘와 영향력 아래 있던 많은 사람을 죽게 만든 것입니다. 세월호 선장은 바로 '킬링 리더'였습니다. 킬링 리더는 언뜻 보아서는 잘 구별되지 않습니다. 일상적인 상황에서는 리더가 다소 문제가 있거나 잘못하고 있더라도 그다지 티가 나지 않습니다. 조직의 여러 역학적 구도와 관계에 의해서 묵인 또는 용인되며 넘어가는 경우가 많기 때문입니다. 그러나 급박한 위기 상황이 되면 리더의 모든 것이 드러나게 마련입니다. 그가 평소에 어떤 철학으로 조직을 이끌고 있었는지, 무엇을 중요하게 생각하는지, 어떻게 관리해 왔는지 짧은 시간에 단박에 표시가 나고 맙니다. 위기의 순간에 구성원들을 외면하고 자신의 살길만 찾는 자, 그가 바로 킬링 리더입니다.

킬링 리더는 리더의 자리에 있으면서 구성원들을 죽음으로 이끄는 자를 말합니다. 여기서 죽음은 신체적인 죽음만 뜻하는 것은 아닙니다. 사람들의 의욕과 사기를 무너뜨리고 활력과 생동감을 앗아가는 심적인 죽음도 포함됩니다. 어찌 보면

이 정신적인 죽음의 영역이 훨씬 크다고도 할 수 있습니다. 얼마 전 '미생'이라는 드라마가 큰 화제였습니다. 생존경쟁이 치열한 직장 생활의 서러움과 아픔을 생생하게 그려 많은 샐러리맨의 공감을 얻어 '미생' 붐을 일으켰습니다. 그 가운데 '암을 유발하는 부장'이라는 표현이 등장합니다. 부하 직원들에게 극심한 압박감을 주어 결국 암까지 생기게 하는 부장을 말합니다. 다름 아닌 기업에서의 킬링 리더 모습입니다. 킬링 리더는 한 가지 모습으로 존재하지 않습니다. 다양한 모양으로 나타납니다.

첫째, 숫자는 채웠지만 마음을 파괴하는 '독재형' 킬링 리더입니다.

독재형은 조직을 이끌면서 모든 일의 우선순위를 목표 숫자의 달성에 둡니다. 구성원들이 어떤 마음인지는 관심이 없습니다. 오직 자신이 목표로 하는 숫자를 달성하기 위해 구성원들을 몰아칠 뿐입니다. 자신이 보기에 조금이라도 미흡해 보이는 사람에게는 막말도 서슴지 않습니다. 그에게 구성원들은 자신의 목표 달성을 위한 수단에 지나지 않습니다. 목표가 달성되면 자신이 잘해서 그런 것이고, 달성되지 못하면 구성원들이 무능하고 게을러서 그렇다고 생각합니다.

독재형 킬링 리더가 목표를 달성했을 때 표면적으로는 그가 조직에 기여한 것처럼 보입니다. 그러나 그렇게 해서 달성된 목표는 순간적일 뿐입니다. 구성원들은 자신이 수단이 되었다는 것을 깨닫는 순간 일할 맛을 잃기 때문입니다. 조직에 대한 애정은 있을 수 없습니다. 언제든 더 좋은 자리를 찾아 떠날 생각을 합니다. 킬링 리더의 눈치를 보며 그의 눈앞에서만 혼나지 않으려는 심리를 갖게 됩니다. 구성원들이 창의력과 도전 정신을 잃고 눈치만 살피는 조직은 서서히 병들어 가다가 작은 위기가 닥쳐도 한 방에 속절없이 무너지고 맙니다. 목표 숫자는 달성했지만 구성원들의 마음을 파괴한 독재형 킬링 리더는 조직 자체를 서서히 죽음에 이르게 하는 무서운 암적 존재입니다. 지속 가능한 조직이 되기 위해서는 구성원들의 마음을 파괴하지 않고, 그들의 마음에 재미와 보람을 가득 채우며 목표를 달성하는 지혜로운 리더가 필요합니다.

　둘째, 권위에 안주하며 자신의 특권과 혜택은 누리면서 구성원과 조직 전체의 상황에는 무감각한 '무책임형' 킬링 리더입니다. 무책임형은 모든 관심의 초점을 오직 자신의 편의와 안위에 둡니다. 구성원들이 어떤 어려움을 느끼고 있는지, 그들이 무슨 생각을 하고 있는지 전혀 관심이 없습니다. 조직에 위기가 다가와도 자신에게 닥칠 곤란이 무엇일지만 걱정할 뿐입니다. 무책임형 킬링 리더가 하는 말만 들어서는 그가 정말 무책임한 리더인지 알 수 없습니다. 그는 무슨 말을 해야 무책임하다는 말을 듣지 않는지 잘 알고 있기 때문입니다. 그는 서류에 적힌 책임들을 형식적으로 잘 이행하고 있습니다. 무책임형 킬링 리더의 실체가 드러나는 경우는 실제 위기 상황이 닥쳤을 때뿐입니다.

　　조선 시대 선조 임금 시절, 백성의 생활은 피폐하고 해안가에서는 왜구의 노략질이 심했습니다. 전쟁이 발발하면 즉각 출병할 수 있는 군사들도 제대로 양성되어 있지 않았습니다. 왕과 신하 대부분은 별일 없을 거라 믿으며 자신들만의 풍요를 즐기고 있었습니다. 1592년(임진년) 4월 13일 왜적은 국경을 넘어 부산포를 함락했습니다. 불과 수십여 일 동안에 세 도읍(서울, 개성, 평양)이 무너졌고 온 나라가 유린되었습니다. 임금은 백성을 버리고 파천했습니다. 서애 유성룡은 이 비참했던 치욕을 잊지 않기 위해 《징비록》을 남겼습니다. 백성의 비탄과 아픔을 외면하고 자신의 풍요에 안주해 나라 전체를 위기에 빠뜨린 이들이 바로 무책임형 킬링 리더입니다.

　　셋째, 조직을 이용해 자신의 이익을 채우는 '비윤리형' 킬링 리더입니다. 비윤리형은 자신의 지위와 권한을 활용해 교묘하게 개인적 이익을 취하는 자를 말합니다. 납품 받는 거래처로부터 남몰래 뒷돈을 받고, 인사고과를 무기로 부하 직원에게 뇌물을 요구하기도 합니다. 자신이 담당하고 있는 예산 관련 서류를 조작해 돈을 빼돌립니다. 회사 비품을 마치 자기 물건처럼 마음대로 씁니다.

비윤리형 킬링 리더는 독재형과 달리 조직에서 크게 눈에 띄지 않는 경우가 많습니다. 이들은 조용히 움직이며 때로는 좋은 사람으로 보이기도 합니다. 늘 주변 상황을 살피며 자신이 필요로 하는 이들을 잘 대접하고 지나치리만큼 선뜻 도움을 주기도 하기 때문입니다. 조직이 대책을 소홀히 하면 이들은 아주 오랫동안 자신의 배를 채우며 조직의 기반을 소리 없이 무너뜨리고 맙니다. 조직은 이러한 비윤리형 킬링 리더가 조직을 망치지 못하도록 적절한 문화와 시스템을 갖추어야만 합니다.

어제의 탁월한 리더가
오늘 킬링 리더가 된 이유는?

　프랜차이즈 전문 기업 A사의 김 부장은 지방의 한 지점에서 사업부장으로 있으면서 강력한 추진력으로 독보적인 성과를 보여 준 탁월한 리더였습니다. 회사는 그의 능력과 리더십을 믿고 서울 강남에 위치해 중요한 지역임에도 최근 실적이 많이 하락하여 문제가 되고 있는 지점의 지점장으로 발령을 냈습니다. 문제 지점의 재건을 그에게 맡긴 것입니다. 그런데 놀랍게도 세 달이 지난 후 전혀 예상 밖의 현상이 나타났습니다. 그 지점 직원의 절반가량이 퇴사했으며 나머지 절반도 김 부장이 계속 지점장으로 있으면 그만두겠다는 의사를 밝힌 것입니다.

　도대체 무슨 일이 있었던 것일까요? 사실 김 부장이 그전에 근무

했던 지방 지점의 직원들은 대부분 성격이 온순하고 웬만하면 위에서 지시하는 내용을 따르려는 성향이었습니다. 이러한 상태에서 그는 남들보다 높은 목표를 설정하고 직원들을 다소 독단적으로 몰아치며 성과를 달성했습니다. 그렇게 목표를 이루고 나면 저녁에 직원들과 함께 회식을 하고 소주잔을 기울이면서 마음을 달래 주곤 했습니다. 김 부장은 스스로를 리더십이 뛰어난 사람이며 직원들에게도 도움이 되는 상사라고 생각하고 있었습니다.

그러나 강남 지점의 직원들은 김 부장과 함께 일했던 직원들과 전혀 다른 성향을 가진 사람들이었습니다. 그들은 모두 자의식이 명확했고 개별적으로 정보를 수집해 지점장과 서로 상의하면서 업무를 진행하고 있었습니다. 김 부장은 이러한 직원들의 모습이 가당치 않게 여기고 자신의 업무 스타일대로 밀어붙였습니다. 직원들의 의사와 상관없이 자신이 판단한 목표를 할당한 후 수단과 방법을 가리지 말고 목표를 달성하라고 요구했습니다. 그리고 중간 실적을 파악하여 미흡한 사람에게는 가차 없이 막말을 하며 혼을 냈습니다.

지방 지점에서 탁월한 리더였던 김 부장은 강남 지점에서는 조직 전체를 파괴한 킬링 리더가 되고 말았습니다. 한 곳에서의 성공이 다른 곳에서의 성공을 보장해 주지 않습니다. 한 번의 성공이 다음번의 성공을 약속해 주지 못합니다. 김 부장은 지점이 바뀌면서 무엇이 변화되었는지를 알아채지 못했습니다. 자신의 리더십 스타일을 과신했으며 새로 만난 직원들이 모두 자신이 경험했던 직원들과 같을 것이라고 생각했습니다. 지금까지의 성공 경험으로 자신의 스타일에 대한 고착화된 자신감을 가지게 된 것입니다.

상황은 늘 변하고 사람도 다릅니다. 이전에 성공했던 방식을 새로운 장소, 새로운 사람, 새로운 상황에서도 아무 생각 없이 그대로 적용하는 것은 이미 실패를 스스로 정해 놓은 것이나 마찬가지입니다. 교만은 실패로 가는 지름길입니다.

'피터의 원리'라는 것이 있습니다. 조직에서 모든 조직원은 자신

상황은 늘 변하고 사람도 다릅니다. 이전에 성공했던 방식을 새로운 장소, 새로운 사람, 새로운 상황에서도 아무 생각 없이 그대로 적용하는 것은 이미 실패를 스스로 정해 놓은 것이나 마찬가지입니다.

의 무능력이 드러날 때까지 승진하게 되고, 결국 시간이 흐르면 해당 직위에서 다음 직위로 올라갈 수 없는 무능력자들로 조직이 채워지게 된다는 원리입니다. 현실에서도 설득력이 있어 보입니다. 과장이 차장으로 승진하지 못하고 과장 자리에 계속 있게 되면 결국 그는 의욕을 잃고 과장 자리에서 일하게 되어 무능력하게 반복적인 업무를 수행하게 될 것이기 때문입니다.

직위가 올라가면 그에 따라 업무의 내용과 범위가 바뀝니다. 당연히 변화된 업무의 특성에 따라서 내가 어떠한 능력과 역량을 갖추어야 하는지 사전에 알고 준비해야 하지요. 하지만 많은 사람이 그렇게 하지 못하는 것이 현실입니다. 대리 때는 대리에게 주어진 업무만 처리하는 것도 벅차합니다. 그래도 열심히 하다 보니 성과를 내게 되고 어느 날 과장 승진 명단에 포함됩니다. 다음 날부터 하루아침에 과장 역할을 맡게 됩니다. 그러나 과장 역할에 대해 아는 것이라고는 대리 시절에 보아 왔던 선임자들의 모습이 전부입니다. 자기도 모르게 자신이 뒤에서 욕하곤 했던 선배 과장들과 똑같은 행동을 하고 있습니다. 대리 때는 일을 잘했던 사람이 과장이 되어서 평범한 리더가 되는 전형적인 과정입니다. 알면서도 어쩔 수 없는 뼈아픈 현실이지요. 시간이 흘러도 대를 이어 같은 잘못을 되풀이하고 있는 것입니다.

이 오류를 끊어야 합니다. 그래야 공동체가 살고 개인도 발전할 수 있습니다. 먼저 무엇이 변하고 있는지를 알아채야 합니다. 또 세상의 흐름, 기술, 문화, 사람의 성향, 심리, 기호 등 모든 게 변하고 있다는 것을 머리로는 알면서도 자신의 리더십에 적용하지 않으면 아무 소용이 없습니다. 어제의 탁월한 리더가 오늘 킬링 리더가 되는 이유는 변화를 알아채지 못하거나 알면서도 자신에게는 적용하지 않기 때문입니다.

개인과 공동체를
같이 살려 내는 힐링 리더

　부채 총액 20조 5,000억 원, 산하 노조 8개, 연봉 3억 2,400만 원을 받는 직원들이 더 나은 대우를 요구하는 회사, 파산 후 주가 1,150원, 국책기업으로 누구 하나 경영을 책임질 중심이 없는 상태. 이런 상황에 처한 기업이 과연 다시 살아날 수 있을까요? 적자가 나서 회사가 힘들어지면 다시 국민의 세금으로 생명을 연장하면서 지내 온 조직, 기업의 수익에는 관심이 없고 조직 내의 이견을 조율하고 정부와의 협상을 주 업무로 생각하며 기득권을 지키기 위해 혈안이 된 경영진, 기업 재생 전문가들이 더는 회생이 불가능하다고 장담했던 기업, 이들이 정말 생존할 수 있을까요? 놀랍게도 이 기업은 파산 2년 8개월 만에 수천억의 영업이익을 내고 증권시장에 재상장되면서 화려하게 부활합니다.

1951년 설립된 일본의 대표적 항공회사인 JAL은 한때 사업 부진으로 상장이 폐지되는 등 회생절차에 들어갑니다. 그러나 이나모리 가즈오 회장의 리더십으로 회사가 부활하여 2012년 다시 상장하였습니다.

바로 일본 항공사 JAL 이야기입니다. 거의 모든 경영 전문가가 불가능하다고 예언했던 JAL의 회생을 성공으로 이끈 주인공은 일본에서 '살아있는 경영의 신'으로 불리는 이나모리 가즈오 회장입니다. 마쓰시타 고노스케, 혼다 소이치로와 함께 '일본 3대 기업가'로 꼽히는 이나모리 가즈오는 6·25전쟁 후 우리나라의 식량난 해결에 결정적인 공을 세웠으며 씨 없는 수박으로 유명한 세계적인 육종학자 우장춘 박사의 사위이기도 합니다. 오니시 야스유키가 쓴 《이나모리 가즈오 1,155일간의 투쟁》에 나오는 그의 아름다운 이야기를 통해 힐링 리더에 대해 나누고자 합니다.

처음에 이나모리 가즈오는 JAL의 회생을 맡아 달라는 정부의 요청에 계속 거부 의사를 밝혔습니다. 이미 나이도 80살을 눈앞에 두고 있었고, JAL이 얼마나 복잡한 상태이며 그 조직이 얼마나 관료화되어 있었는지 잘 알고 있었기 때문입니다. 그러나 JAL이 무너지면 일본 경제 전체에 치명적인 영향을 미친다는 담당자의 끈질긴 삼고초려와 지쳐 있는 일본의 경영자들에게 용기를 줄 수 있는, 자신의 경영 인생에서 마지막 임무라고 생각해 결국 엄청난 책임을 맡게 됩니다.

그가 JAL에 가서 제일 먼저 한 일은 사람들과 직접 얼굴을 맞대고 그들의 이야기를 듣는 것이었습니다. 아침 9시부터 저녁 6시까지, 점심은 삼각 김밥으로 때우면서 100여 개 계열사 대표들과 일대일로 각각 한 시간씩 100시간이 넘게 면담을 했습니다. 나이 80을 바라보는 노구의 몸으로 벅찬 일정이었지만 결연하게 대화를 계속했습니다. 그는 그동안 막연하게 짐작으로만 알고 있던 JAL의 실체를 피부로 느끼게 됩니다. 그들의 눈빛과 언어, 태도와 반응에서 무엇이 문제인지 정확히 파악합니다. 그것은 뿌리 깊은 대기업의 관료적 병이었습니다. 수뇌부에서 말단 직원까지 주인의식을 가진 사람은 찾아보기 힘들었습니다. 직원도 없는 유령 부서가 수십 개나 있었습니다. 한 번 만들어진 부서는 인원이 없는데도 정리하지 않아 계속해서 예산이 집행되고 비용이 발생했습니다. 그러나 아무도 신경 쓰지 않았습니다. 자신과 상관없는 일이었기 때문입니다. 조직 전체가 너무도 깊이 광범위하게 병들어 있어 지금까지 정부가 파견했던 모든 경영자가 치유와 회생에 실패하고 말았던 것입니다.

이나모리 가즈오는 간부들을 대상으로 리더 교육부터 시작했습니다. 그는 리더와 매니저를 철저하게 구분해 리더란 '높은 뜻을 품고 맹렬한 투지로 개인적인 욕심을 버리고 집단을 이끄는 지도자'라고 생각했습니다. 그는 경영관리 방법을 가르치는 매니지먼트 교육을 하려는 것이 아니었습니다. 그는 먼저 리더의 마음가짐을 전수하고자 했습니다. 하루 3시간씩 한 달에 17회에 걸쳐 간부들에게 직접 교육을 실시했습니다. 그런데 그의 교육 내용에 간부들은 실망하고 마음속으로 반발심을 가졌습니다. 그가 하는 말들이 초등학교 바른생활 교과서에 나오는 내용 같았기 때문입니다.

"다른 사람의 마음을 소중히 여기게."
"거짓말을 하지 말게."
"다른 사람을 속여서는 안 되네."

뭔가 위기를 돌파할 비책을 기대했던 간부들은 그의 성인군자 같은 이야기가 우습게 들렸습니다. 하지만 그는 자신이 27살에 창업해서 매출액 5조 엔이 넘는 교세라와 글로벌 통신업체 KDDI를 만들기까지의 이야기들과 함께 자신의 경영철학을 끈질기게 전했습니다. 그는 사람의 마음이 변하지 않으면 어떤 전략과 방법도 무용지물이라는 것을 잘 알고 있었기 때문입니다. 그는 JAL 회장에 취임하면서 월급은 한 푼도 받지 않았습니다. 그의 목적은 돈도 명예도 아니었습니다. 돈은 이미 충분했고 명예는 JAL의 회장을 맡으면서 오히려 추락할 위험이 있는 상태였습니다. 그는 JAL의 임직원들이 진심으로 변화되어 다시 살아나 일본 경제에 모델이 되기를 바랐습니다. 수년째 경제 침체로 힘들어하는 일본 국민에게 용기를 주고 싶었습니다. 그는 간부들에게 경영의 목적이 '전 직원의 물심양면에 걸친 행복 추구'에 있다고 선포하고 모든 경영 정보를 투명하게 공개했습니다.

이러한 그의 진심은 결국 JAL 간부들의 마음을 움직였습니다. 그리고 전 사원이 온 힘을 다해 참여하지 않으면 회생은 불가능하다는 사실을 직시하기 시작했습니다.

"이나모리 가즈오 회장님은 진짜 저희를 위해 화를 낸다는 것이 느껴졌습니다. 그 모습을 보니 처음으로 경영자의 진심을 알 것 같았습니다."

그와 대화를 나눈 후 어느 조종사가 한 이야기입니다. 일단 구성원들의 마음을 얻은 그는 본격적인 경영 개선에 돌입했습니다. 일명 '아메바 경영'으로 불리는 이나모리 가즈오만의 독특한 경영 시스템입니다. 3만 2,000명의 광대한 조직을 수십 명 단위로 잘게 쪼개어 그 단위별로 일일 수입, 지출, 이익을 한눈에 파악하도록 만들었습니다. 그전에는 경영 성과를 알려면 수개월이 걸렸고 그나마도 누가 성과를 냈는지 알 수 없었습니다. 적자가 발생해도 어디서 손해가 났는지 알 수 없었고 아무도 자신의 책임이라고 생각하지 않았습니다. 그러나 이제 하루만 지나도 수십 명밖에 안 되는 아메바 단위별로 손익이 명확하게 나오는 체제가 되었습니다. 그 결과는 놀라웠습니다. 조종사들은 종이컵 대신 개인 컵을 쓰기 시작했고, 정비사들은 기름에 찌든 장갑도 다시 빨아서 쓰기 시작했습니다. 직원들이 스스로 숫자를 관리하게 된 것입니다.

더욱 놀라운 사실은 직원들의 웃음과 유머, 자발적 서비스가 살아났다는 것입니다.

"오늘 탑승해 주서서 감사합니다. 우리 운항 승무원은 안전규정 때문에 조종석을 떠날 수 없습니다. 출구까지 나가진 못하지만, 여기에서 방송으로 배웅하겠습니다."

이 안내 방송을 마친 항공기 기장은 떠나는 승객들을 향해 조종석에서 계속 손을 흔들어 주었습니다.

이것은 회사의 지시나 규정에 따른 행동이 아니었습니다. 기장이 스스로 한 행동이었습니다. 이것은 더는 움직일 수 없는 병에 걸려 거의 죽음에 이른 공룡과 같았던 기업이 민첩한 다람쥐처럼 생생하게 다

시 살아났다는 것을 의미합니다. 움직일 때마다 고통스러웠던 한 마리의 공룡이 누구보다 빠르고 생동감 넘치는 3만 2,000마리의 다람쥐로 다시 태어나 생태계에 엄청난 활력을 주게 된 것입니다.

이나모리 가즈오 회장은 병들어 죽어 가던 공동체와 그 안에서 속절없이 함께 쓰러질 수밖에 없었던 개인들을 함께 고치고 치유해서 다시 살려 낸 힐링 리더였습니다.

힐링 리더는 리더가 먼저 힐링을 경험하고, 그 경험을 바탕으로 구성원들의 힐링을 도우며 나아가 공동체 전체가 행복할 수 있도록 환경을 조성하는 리더를 말합니다. 힐링 리더는 공동체와 공동체의 구성원인 개인 중 어느 한쪽이 희생되는 것을 용납하지 않습니다. 힐링 리더는 개인과 공동체를 함께 살리는 리더입니다.

　　이나모리 가즈오 회장은 교세라를 창업하고 3년째 되던 해에 고졸 직원 11명이 정기 승급 등 처우 개선을 요구하며 안 되면 모두 그만두겠다고 위협하는 상황에 직면합니다. 다른 사람 같으면 일단 그들을 회유하면서 일을 시키고 다른 직원들을 알아보고 다녔을 것입니다. 그러나 그는 그 일을 통해 기업을 경영하는 것이 단순히 이익을 많이 내는 것이 아니라 직원들의 삶과 행복을 지켜 주는 것이라는 점을 깨닫게 됩니다. 이후로 그는 경영의 목적을 '전 직원의 물심양면에 걸친 행복 추구'로 정했습니다.

　　이러한 경험을 바탕으로 그는 위기에 처한 JAL의 구원투수로 투입되었을 때에도 직원들의 행복 추구가 경영의 목적임을 밝히고 직원들에게 모든 경영 정보를 투명하게 공개하여 모든 직원이 자신의 행복을 위해 자발적으로 업무에 최선을 다하는 '주인정신'을 가지게 만들 수 있었습니다. 조직을 살리기 위해 강제로 개인의 희생을 요구하면 일시적인 성과는 거둘지 모르나 결국에는 실패할 수밖에 없습니다. 개인이 조직에 있는 이유는 본능적으로 자신의 행복을 위해서이기 때문입니다. 리더가 할 일은 개인의 행복과 조직의 발전이 함께 진행될 수 있도록 환경을 만들어 주는 것입니다. 그런 리더가 바로 힐링 리더입니다.

힐링 리더는 지존의 위치에서도 종의 마음을 갖는다

리더란 단순히 높은 자리에 있는 사람을 이르는 말이 아닙니다. 리더는 구성원들의 삶을 행복으로 이끌기 위해 영향력을 발휘하는 사람입니다. 그런데 리더가 행사하는 이 영향력의 근원이 무엇인가에 따라 킬링 리더가 되기도 하고 힐링 리더가 되기도 합니다.

킬링 리더는 대개 다음 세 가지를 바탕으로 영향력을 행사합니다.

첫째, 높은 지위를 근거로 구성원들을 대합니다. 회장이니까, 상사니까 자기 마음대로 말하고 행동합니다. 자신보다 지위가 낮은 사람들에게 지시하고 질책하며 그들의 입장과 상황은 고려하지 않습니다. '나도 그런 과정을 거쳐서 지금의 자리에 올랐다.'고 생각하며, 자신이

낮은 지위에 있을 때 당했던 일들을 고스란히 부하들에게 겪게 합니다.

둘째, 돈을 무기 삼아 사람들을 마음대로 휘두릅니다. 돈을 쓰면서 그 과정에서 만나는 모든 사람을 자신의 소유로 생각합니다. 인격에 대한 개념이 없으며 모든 관계는 오직 돈의 많고 적음에 따라 판단합니다.

셋째, 규범적 관계에 의해 자기중심적으로 행동합니다. 부모라는 이름으로, 선배라는 이유로, 연장자라고 해서 상대를 전혀 배려하지 않고 일방적으로 이야기합니다. 사회적 규범에 의해 높은 위치에 있으면 존중받는 것이 당연하지만 그것이 상대에게 자기 의견만 강요해도 된다는 뜻은 아닐 텐데 말입니다.

반면에 힐링 리더가 구성원들에게 영향을 주는 근원은 전혀 다릅니다.

첫째, 힐링 리더는 자신의 사명을 다하면서 영향력을 발휘합니다. 그의 사명은 먼저 자신을 힐링하고 그 경험으로 다른 사람의 힐링을 도우며 나아가 공동체가 지속 가능한 성장을 할 수 있도록 헌신하는 것입니다. 구성원들은 스스로의 사명에 헌신하는 힐링 리더의 모습을 보고 자연스럽게 영향을 받으며 따르고자 합니다.

둘째, 스스로 낮아지는 겸손에서 따뜻한 영향력이 나옵니다. 힐링 리더는 자신의 힘이나 권력, 지식을 내세우지 않습니다. 언제나 상대방을 자신보다 낫게 여기며 낮은 자리에 머무릅니다. 공동체를 위해 많은 일을 하고도 늘 더 좋은 일을 하지 못해 미안해하는 그를 보며 구성원들은 마음 깊은 곳에서 존경을 보냅니다.

셋째, 사람 자체에 대한 진실한 사랑에서 영향력이 흘러나옵니다. 힐링 리더는 무엇보다 사람을 소중하게 여깁니다. 사람이니까 그냥 사랑합니다. 사랑하니까 사람을 돕고 치유합니다. 사랑은 이 세상에서 가장 강력한 권위입니다. 사랑하지 않는 리더십은 모두 이기적일 뿐입니다.

"중앙과 지방의 관비들이 출산을 하면 100일 동안 휴가를 주는 것을 규례로 삼을 것이다."

1426년, 세종 16년 4월 26일《세종실록》에 나온 세종대왕의 지시 내용입니다. 세종은 관청의 여자 노비들에게만 출산휴가를 주는 것에 그치지 않고 그의 남편에게도 한 달간의 산후휴가를 주어 아내를 돌보도록 했습니다. 이전에는 돌보는 사람 없이 홀로 산후 조리를 하다가 목숨을 잃는 여자 노비들이 종종 있었다고 합니다.《세종처럼》박현모, 미다스북스, 2014)

한 나라의 왕이 가축과 같이 재산으로 여기던 종들의 고통까지 헤아렸다는 것이 놀랍기 그지없습니다. 세종대왕은 왕의 자리를 부귀와 권세를 누리고 즐기는 것으로 보지 않았습니다. "民生有欲無主乃亂 必立君長而治之"라 하여 '민생들이 하려고 하는 일을 혼란스럽지 않게 하려고 임금을 세워서 다스리게 했다.'《세종실록》세종 13년 6월 20일)고 생각했습니다. 왕으로서 자신의 사명을 명확하게 정리하고 있었던 것입니다. 보통 왕들은 스스로를 천하의 지존으로 여기며 자신에게 주어진 부와 권력을 탐닉하기에 여념이 없습니다. 하지만 세종은 백성을 향한 명확한 사명을 세우고 그 사명을 완수하기 위해 민생, 정치, 법, 산업, 학문, 문화 각 분야에 걸쳐 구체적인 정책들을 추진해 후세의 행복에 기여할 소중한 업적들을 남겼습니다. 사명에 최선을 다한 그의 헌신에서 힐링 리더로서의 영향력이 탁월하게 발휘된 것입니다.

　　세종대왕은 또한 겸손했습니다. 나라에 힘든 일이 생기고 어려운 문제가 발생했을 때 신하들이나 다른 사람들에게 책임을 돌리는 것이 아니라 늘 자신에게서 잘못을 찾으려 했습니다.

　　"내 들으니, '임금이 덕이 없고, 정사가 고르지 못하면, 하늘이 재앙을 보여 잘 다스리지 못함을 경계한다' 하는데, 내가 변변하지 못한 몸으로 신민의 위에 있으면서 밝음으로 비추어 주지 못하고, 덕은 능히 편안하게 하여 주지 못하여, 물난리와 가뭄으로 흉년이 해마다 그치지 아니하여, 백성은 근심과 고통으로 식구가 뿔뿔이 흩어져 떠돌아

힐링 리더　39

다니게 되고, 창고도 텅 비어서 구제할 수 없다. 이제 오뉴월(음력 4월)을 맞아 다시 가뭄의 재앙을 만나게 되었다. 조용히 허물된 까닭을 살펴보니, 죄는 실로 나에게 있다. 마음이 아프고 사람을 대할 낯이 없어서 어찌해야 할 바를 모르겠다. 혹시 충직한 말을 들어서 행실을 닦아 온화한 기운을 부를까 하노니, 직책에 상관없이 모든 신하는 힘써 하늘의 섭리를 생각하여, 위로 나의 잘못과, 정책이나 법령의 잘못된 점과, 아래로 시골동네의 편안함이나 근심 걱정과 백성의 이롭고 병 되는 것을 거리낌 없이 마음껏 직언하여, 나의 하늘을 두려워하고 백성을 걱정하는 지극한 생각에 부응되게 하라."(《세종실록》 세종 5년 4월 25일)

세종대왕은 물난리가 나고 가뭄으로 흉년이 드는 것조차 자신의 덕이 부족하고 변변하지 못해 그런 것으로 생각하고 마음 아파하며 부끄러워했습니다. 그리고 그런 마음을 신하들에게도 솔직하게 이야기하고 그들의 의견과 직언을 요청했습니다. 모든 권력의 위에 있는 한 나라의 최고 지도자가 이런 태도를 보인다는 것은 결코 쉬운 일이 아닙니다. 이러한 대왕의 진정한 겸손이 신하와 백성의 마음을 움직였고, 그들 또한 성심성의껏 자신이 할 수 있는 최선을 다해 왕을 보좌하려고 애썼습니다. 힐링 리더는 자신의 권력이나 부와 지식으로 사람들을 지배하려 하지 않습니다. 늘 겸손하게 자기를 낮추고 돌아보며 사람들을 돕고 그들의 행복과 안녕을 걱정합니다. 힐링 리더의 겸손이 구성원들의 깊은 존경을 불러일으키는 것입니다.

힐링 리더는 자신의 권력이나 부와 지식으로 사람들을 지배하려 하지 않습니다. 늘 겸손하게 자기를 낮추고 돌아보며 사람들을 돕고 그들의 행복과 안녕을 걱정합니다.

　　세종대왕은 모든 백성을 사람으로서 사랑했습니다. 신분과 계급을 떠나 백성이 한 인간으로서 행복을 누리며 살 수 있도록 배려했습니다. 사회에서 소외되고 제대로 보호받기 힘든 사람들에게까지 세심한 관심을 기울였습니다. 재위 16년에는 한여름에 날씨가 더워 힘들 때에 열병을 앓는 이들에게 얼음을 보내어 치료하게 했으며(세종 16년 6월 11일), 더위에 옥중에 갇혀 있는 죄수들을 가엾게 여겨 판결을 조속히 내리도록 지시했습니다. 가벼운 죄로 갇혀 있는 죄수는 보석으로 내보내게 했습니다(세종 16년 6월 4일). 추운 날씨에는 신하들을 보내 "만약 추운 데서 자고 추위에 떠는 군인이 있다면, 그들을 따뜻한 곳에 두어서 얼어

죽지 않도록 하였다."고 했습니다(세종 17년 10월 19일). 그는 백성을 나라의 근본으로 보고 "근심하고 탄식하는 소리가 영구히 끊어져서 각기 생생하는 즐거움을 이루도록" 하는 것이 왕이 할 일이라 여겼습니다(세종 5년 7월 3일).

사람을 다른 그 무엇보다 소중하게 여기고 귀천을 가리지 않고 사랑하며 그들의 괴로움을 줄이고 즐거움을 늘려 주려고 했던 세종대왕, 왕으로서 종의 마음까지 공감하며 그들의 고통을 치유하기 위해 헌신한 세종대왕은 역사상 최고의 힐링 리더라고 할 수 있습니다. 현대를 살아가는 우리 리더들도 세종대왕처럼 사명을 분명히 자각하고, 늘 스스로를 낮추며, 다른 이들의 의견에 귀를 기울이는 겸손, 사람을 사람 자체로 사랑하는 따뜻한 마음을 배워 자신이 몸담고 있는 공동체를 치유하고 행복하게 할 수 있어야겠습니다.

킬링과 힐링 사이

"돌연변이가 아니다. 누구나 마음속에 여러 사람이 산다. 죽고 싶은 나와 살고 있는 내가 있다. 포기하고 싶은 나와 지푸라기라도 잡고 싶은 내가 매일 싸우며 살아간다."

배우 지성 씨와 황정음 씨의 열연으로 인기를 끌었던 드라마 '킬미힐미'에서 극 중 여주인공 오리진이 자살을 시도하려는 안요섭에게 던진 말입니다. 이 대사를 듣고 많은 시청자가 마음에 위로를 받고 힐링이 되었다는 의견이었답니다. 안요섭은 남주인공 차도현의 다른 인격체입니다. '킬미힐미'는 남주인공이 일곱 개의 다중인격을 가진 재벌 3세로 그의 주치의 역할을 하게 된 여의사와 사이에서 벌어지는 감각적 스토리를 보여 준 드라마입니다.

리더들도 마찬가지라는 생각이 듭니다. 어떤 리더가 킬링 리더의 모습을 보인다고 해서 그의 모든 것이 킬링적이라고 할 수는 없습니다. 힐링 리더 역시 마찬가지일 것입니다. 한 사람 안에는 일곱 개까지는 아닐지라도 여러 유형의 자아가 존재할 수 있습니다.

저는 23살에 육군사관학교를 졸업하고 소위로 임관하여 특공여단의 소대장으로 부임했습니다. 저는 성격적으로 다른 사람에게 싫은 소리를 잘 못하는 성향이었습니다. 소대원들에게도 친절하게 대해 주며 가급적 충돌 없이 지내려고 노력하는 편이었습니다. 소대원들이 가족이나 여자 친구에서 받은 편지들과 틈나는 대로 썼던 글들을 모아 소대 문집을 발간하는 등 유익한 활동을 하려고 노력했습니다.

어느 날 저녁 부대 전투력 측정을 앞두고 소대원들에게 실내에서 사격 자세 훈련을 하라고 지시하고 소대장실에 돌아가 소대장 시험 평가 준비를 하고 있었습니다. 한 시간쯤 지나 소대 내무반에 잠시 들렀는데 소대원들이 훈련은 하지 않고 다 같이 TV를 보고 있었습니다. 순간 저는 갑자기 화가 치밀어 올랐습니다. 소대원들에게 마구 소리를 치고 완전군장으로 연병장에 집합시켰습니다. 그리고 한 시간 넘게 아주 심한 얼차려를 주었습니다. 소대원들은 고통스러워했지만 저는 분을 삭이지 못하고 계속 화를 냈습니다. 나중에 알고 보니 소대원들은 50분 동안 사격 훈련을 실시하고 10분간 휴식 중에 TV를 켰는데 그 프

로그램이 너무 드라마틱하게 전개되고 있어 휴식 시간이 끝난 줄도 모르고 5분 정도 더 보고 있는 중이었습니다. 나중에 선임 분대장에게 그 설명을 듣고 나서 제 자신이 너무 부끄러웠습니다.

저는 소대원들이 훈련을 하지 않고 TV를 보고 있는 모습을 발견했을 때 그들이 나를 우습게 보고 무시하는 것이라고 생각했습니다. 그리고 앞뒤 상황을 파악할 생각도 하지 않고 무조건 기합을 주었습니다. 소대원들은 소대장이 너무 흥분해서 지시하니까 설명이나 변명할 생각도 하지 못하고 지나친 징계를 받은 것입니다. 사실 소대원들이 TV를 보는 것과 소대장을 무시하는 것은 전혀 상관없는 일입니다. 그런데 소대장인 저는 이제 막 소위 계급장을 달고 부대에 온 지 얼마 되

지 않았고 소대원들 중에는 저보다 나이가 많은 부하들도 있었으며, 특공부대다 보니 저보다 체력도 좋고 성격이 강한 요원들도 있었기에 저도 모르게 스스로 그런 생각을 했던 것입니다. 힐링 리더로서 잘하고 싶었지만 순간적으로 킬링 리더가 되어 구성원들에게 고통을 준 것이지요.

그 당시를 돌이켜 보면 제 안에도 여러 가지 모습의 제 자신이 있었다고 생각됩니다. 신임 소대장으로 무시를 당하지 않으려면 카리스마 있게 행동하고 늘 원칙을 지키면서 강하게 밀어붙여야 한다고 생각하는 내가 있었으며, 한편으로는 내 성격대로 부드럽게 대하면서 합리적으로 이끌어 재미있는 소대를 만들어 보면 어떨까 하고 고려하는 내가 있었습니다. 실제로는 제 성격대로 소대를 이끌었고 가끔씩 제 안에 있는 불안정한 자아가 폭발하는 현상이 나타나곤 했습니다.

B사의 심 팀장은 팀원들이 이를 가는 킬링 리더였습니다. 모든 것을 숫자로만 이야기하는 사람이었지요. 매달 목표 숫자를 달성하면 아무 일도 없었던 것처럼 지나가지만 숫자를 달성하지 못하는 달이면 팀원들을 모아 놓고 닦달을 합니다. 숫자를 달성하지 못한 원인을 진지하게 알아보려는 것이 아니라 아예 팀원들에게 모욕감을 주려고 작정하고 언행을 합니다.

"네 머릿속에는 도대체 뇌가 있는 거냐?"

"너 같은 것들이 월급을 축내고 있는데 회사가 제대로 되겠냐?"
"너는 내가 만난 직원 중에 최악이다, 최악!"
등등 직원들이 견디기 힘든 악담을 해 대면서 서류를 집어 던지곤 했습니다.

그런데 심 팀장이 예상외의 행동을 하는 때가 있습니다. 그는 팀원들에게 개인적으로 슬픈 일이나 좋지 않은 일이 생기면 꼭 찾아가 위로해 주었습니다. 직원들이 상을 당하면 아무리 멀어도 빈소를 찾아 자리를 지켰습니다. 가족들이 교통사고를 당하거나 어려운 일이 생기면 주변 지인들을 통해 발 벗고 나서서 도와주었습니다. 팀원들은 심 팀장의 몹쓸 언행에 진저리를 치다가도 어려울 때 최선을 다해 도와주는 모습에서 고마움을 느끼기도 했습니다.

심 팀장은 동기들에 비해 업무 능력이 부족해 가장 늦게 진급한 케이스였습니다. 그는 늘 그것 때문에 자존심이 상했습니다. 뒤늦게 진급해서 팀장이 되자 못한다는 소리를 듣는 것을 죽기보다 싫어했습니다. 업무 능력이 달리다 보니 업무 전략과 세부적인 방법 측면에서 팀원들을 잘 이끌 수가 없었습니다. 그런 그가 선택한 방법은 무조건 목표 숫자를 달성하는 것이었습니다. 팀원들에게 자상하게 방향을 제시할 수 없으니 강하게 욕을 해서라도 숫자만큼은 달성하고 싶었던 것입니다. 하지만 마음 한구석에는 팀원들에게 미안한 마음도 있었습니다. 자신도 팀원들에게 힘이 되어 주고 싶었던 것이지요.

킬링 리더라고 해서 항상 킬링 리더는 아니며 힐링 리더라고 늘 힐링 리더는 아닙니다. 킬링 리더에게서 킬링적인 행동이 나오면 그가 왜 그렇게 행동했는지 이유를 이해하려고 노력해야 합니다. 그 이유를 조직의 입장에서 파악한다면 그를 도와줄 수 있는 방법을 강구할 수 있습니다. 힐링 리더 또한 항상 힐링적인 행동만 하는 것은 아니기에 늘 자신의 모습을 돌아보며 겸손하게 성찰해야 합니다. 힐링 리더가 자신의 모든 행동이 옳다고 생각하는 순간 킬링 리더가 되기 시작합니다.

킬링 리더를 부르는
킬링 팔로워

팔로워가 없으면 리더도 존재할 수 없습니다. 리더가 팔로워를 움직이기도 하지만 팔로워도 리더에게 상당한 영향을 미칩니다. 탁월한 리더는 탁월한 팔로워에 의해 만들어지는 경우가 많습니다. 제갈공명은 유비를 보좌해 역사의 중심에 섰습니다. 세종대왕은 탁월한 신하들의 도움으로 많은 업적을 이룰 수 있었습니다.

역으로 킬링 팔로워가 킬링 리더를 만드는 경우도 비일비재합니다. 가까운 지인에게서 한국과 중국을 오가며 의류 무역을 하던 중소기업의 대표가 충격을 받고 갑자기 쓰러졌다는 이야기를 들었습니다. 그 이유는 자신이 전적으로 믿고 의지하며 모든 재정 관리와 통장, 인

팔로워가 없으면 리더는 존재할 수 없습니다. 리더가 팔로워를 움직이기도 하지만 팔로워도 리더에게 상당한 영향을 미칩니다. 탁월한 리더는 탁월한 팔로워에 의해 만들어지는 경우가 많습니다.

감까지 맡겼던 직원이 10억 원이 넘는 돈을 횡령해 도망쳤기 때문이라고 합니다. 대표는 그 직원을 가족처럼 여기고 명절이면 정규 급여와 보너스 외에도 따로 봉투와 선물까지 챙겨 주면서 신뢰하고 아꼈다고 합니다. 말할 수 없이 상심한 대표는 직원들을 더는 믿지 못하게 되었습니다.

제 강연을 듣고 찾아왔던 에스테틱 숍의 어느 대표는 "사장인 나는 자금이 모자라 머리가 다 빠질 정도로 힘들어하고 있는데 직원들은

누구 하나 같이 걱정해 주는 사람 없이 자기들끼리 시시덕거리고 있는 모습을 보면 억장이 무너진다."고 했습니다. 그는 직원들에 대한 애정이 자꾸만 흐려져 감을 느끼고 있습니다.

킬링 팔로워는 세 가지 유형으로 구분할 수 있습니다.

첫째, 리더 배신형입니다. 평소에는 리더 곁에서 신뢰를 얻기 위해 갖은 노력을 다합니다. 어려운 일을 도맡아 하고 리더가 힘들어하는 모습을 보이면 얼른 가서 위로의 말을 건넵니다. 하지만 그의 마음속 깊은 곳에서는 리더에 대한 존경심을 찾아볼 수 없습니다. 그저 언젠가 크게 한 건 잡아서 떠날 기회를 기다리고 있는 것일 뿐입니다. 이런 유형은 평소에는 구분하기가 거의 불가능합니다. 리더의 눈에는 최고의 팔로워로 보이기 때문입니다.

이런 유형을 조금은 알아볼 수 있는 방법이 있습니다. 이 사람이 리더를 대하는 모습이 아니라 자신의 주변 사람이나 자신보다 지위가 낮은 사람을 대하는 모습을 세심하게 살피는 것입니다. 완벽하게 교활한 팔로워는 리더 외에 다른 사람을 대할 때도 본심을 숨기고 성실하게 잘하는 경우가 있습니다. 그러나 보통의 킬링 팔로워들은 리더 외에 다른 사람을 대할 때는 긴장이 좀 풀어져 자신의 속내가 나타나 함부로 대하는 경우가 많습니다. 따라서 리더가 자신에게만 잘하는 사람에게 혹해서 그를 전적으로 믿고 의지하게 된다면 그는 스스로 무덤을 파고 있는 것입니다.

둘째, 리더 방해형입니다. 리더 배신형이 리더에 대한 악의를 숨기고 있다면 리더 방해형은 리더에 대한 적의를 공공연하게 드러냅니다. 이런 경우는 리더가 실질적인 힘이 없다고 생각해서 그럴 수도 있으며, 팔로워가 조직과 현재 생활에 미련이 없는 상태에서 리더에 대한 불신과 비하의 마음을 드러낼 수도 있습니다. 리더가 없는 곳에서 리더를 비방하며 허위의 사실을 날조해 소문을 퍼뜨리기도 합니다. 리더가 이러한 리더 방해형의 팔로워를 제대로 다루지 못하면 리더로서의 권위는 무너지며 그 역할을 제대로 수행할 수 없게 됩니다.

　셋째, 리더 회피형입니다. 이 유형의 팔로워는 표시가 날 정도로 리더에게 반대하지는 않지만 그렇다고 리더를 적극적으로 도와주지도 않습니다. 그저 리더의 눈에 띄지 않고 싫은 소리를 듣지 않으면 만족하는 사람입니다. 리더 회피형 중에는 조직 내에서 자신의 미래에 대해 희망이 없고 다른 곳으로 옮기기에는 역량이 부족한 사람이 많습니다. 리더 회피형의 팔로워가 많아지면 조직의 생동감이 사라지고 책임을 회피하려는 분위기가 조성되어 리더는 어떤 일도 제대로 추진하기 어려운 상황에 봉착하게 됩니다.

　이러한 킬링 팔로워가 어떤 유형의 리더를 만나는가에 따라서 상호작용이 다른 양상으로 나타나곤 합니다.

먼저 킬링 팔로워가 킬링 리더를 만나게 되면 보통 두 가지 현상이 나타납니다. 하나는 킬링 팔로워가 킬링 리더의 위세에 눌려 리더에게 복종하면서 그를 도와 서로 자신의 이익을 추구하기 위해 협력하며 회사와 다른 구성원들을 악용하는 경우입니다. 그러면서도 속으로는 서로를 믿지 못하고 언젠가 자신을 배신할 사람이라고 생각합니다. 또 한 가지는 킬링 팔로워와 킬링 리더가 서로 성격이 맞지 않고 상대방의 이기적인 성향을 꿰뚫어 보며 충돌하는 경우입니다. 서로가 서로를 너무도 잘 알아보는 것이지요.

한편, 킬링 팔로워가 힐링 리더를 만나게 되면 속으로 좋아하게 됩니다. 힐링 리더는 강요하지 않고 질문을 하며 팔로워의 강점을 찾아 도와주려고 하기 때문입니다. 킬링 팔로워는 자신이 힐링 리더를 비교적 쉽게 이용할 수 있다고 생각합니다. 그래서 힐링 리더는 늘 조심해야 하며 깨어 있어야 합니다. 힐링 리더가 팔로워들을 온화하게 대한다고 해서 바보같이 끌려다닌다는 뜻은 아닙니다. 힐링 리더가 팔로워들의 후원자 역할을 한다고 해서 조직을 이용해 자신의 잇속을 채우는 것까지 용납해서는 절대 안 되는 것이지요.

리더가 킬링 팔로워들을 만나게 되면 아무리 훌륭한 리더라도 조직을 제대로 이끌어 가기가 쉽지 않습니다. GE를 극적으로 성장시켰던 전설적 경영자 잭 웰치는 능력이 있더라도 조직의 문화나 가치에 위배되는 사람은 킬링 팔로워로 여기고 과감하게 조직에서 정리하는 조치를 단행했습니다. 물론 어떤 사람이 킬링 팔로워인지 아닌지 판단하는 것을 쉽게 생각해서는 안 됩니다. 리더가 자기중심적으로 생각해서도 안 될 일이고요.

리더는 오히려 팔로워들이 자신만 따르는 것을 경계해야 합니다. 리더는 팔로워들이 리더가 추구하는 비전, 조직이 지향하는 비전을 따르도록 인도해야 합니다. 리더도 인간이기에 언제든지 킬링 리더가 될 수 있습니다. 리더는 팔로워들에게 자신이 변질되어 가고 킬링 리더의 모습을 보이면 스스럼없이 충언과 직언을 할 수 있는 분위기를 평소에 조성해 두어야 합니다. 그래야 순간적인 판단 착오로 돌이킬 수 없는 실수를 하지 않게 됩니다. 사실 리더와 팔로워는 상대적일 뿐 사람마다 정해져 있지 않습니다. 모든 리더는 누군가의 팔로워이며, 모든 팔로워는 누군가의 리더이기 때문입니다. 리더가 팔로워를 대할 때 자신보다 낮은 위치에 있는 사람이라고 생각해 함부로 대하면 나중에 아주 곤란한 상황에 처하기도 합니다.

저는 육사를 졸업했습니다. 육사는 생도 시절의 위계질서가 엄격합니다. 특히 1학년 때는 2학년 생도들로부터 아주 힘든 상황을 겪기도 합니다. 힘든 1학년 생활을 마치고 2학년이 되면 사람마다 다른 모습을 보입니다. 하나는 자신이 1학년 때 매우 힘들었기 때문에 2학년이 되어서 1학년들에게 잘해 주는 경우입니다. 다른 유형은 자신이 힘들었다는 것은 전혀 생각하지 않고 자신이 당했던 것보다 훨씬 더 심하게 1학년을 대하는 경우입니다. 이때 아주 가끔 후배들을 지나치게 혹독하게 대하는 선배가 있습니다. 그런데 세월이 흘러 임관 후에 실제 군 생활을 하다 보면 후배가 선배보다 먼저 진급하는 경우가 비일비재합니다. 그러다 보니 선배가 자신이 가혹하게 대했던 후배를 만났는데 후배가 자신보다 계급이 높은 경우가 종종 있습니다. 이런 순간에 직면하면 아주 오래전 일임에도 불구하고 그 선배는 얼굴이 벌겋게 상기되고 허허로운 웃음을 지으면서 미안하다고 이야기하게 됩니다.

지금 팔로워라고 해서 영원한 팔로워는 아닙니다. 리더는 팔로워를 아랫사람으로 생각하기보다는 함께 가는 동반자라고 생각하는 것이 좋습니다. 동반자로서 서로 의견을 솔직하게 나누고 어려움을 헤아리며 조직의 문제를 해결하는 데 함께 힘을 합치는 관계가 되어야 합니다. 팔로워는 리더를 자신의 이익을 위해서 이용하려고 해서는 안 됩니다. 앞에서만 따르는 척하고 뒤에서는 다른 말을 하면서 속으로 무시하고 있으면 자신도 모르게 표시가 납니다. 마음은 마음을 알아봅니다. 마음 깊은 곳에 숨어 있는 내 의도는 어디선가 나타나게 되어 있습니다.

팔로워의 입장일 때 리더를 진심으로 섬기고 리더의 입장일 때 팔로워를 마음으로 배려하는 자세가 필요합니다.

언어, 생각, 행동의 선택으로
이루어지는 힐링 리더십

《서른 살이 심리학에게 묻다》라는 책을 보며 인생에 대해 깊이 생각할 수 있었습니다. 그때 저는 막 30대를 빠져나와 40살이 되는 해였습니다. 나이는 40대가 되었지만 책에서 이야기했던 주제들은 저에게도 많은 영감을 주어 진로에 관해 좋은 참고가 되었습니다. 책은 60만부 이상 팔리며 대형 베스트셀러가 되었습니다. 저자는 김혜남이라는 정신분석 전문의였습니다. 저는 책의 저자가 무척 부러웠습니다. '의사라는 훌륭한 직업에 이렇게 글도 잘 써서 베스트셀러를 내다니 참 대단하구나….'라고 생각했습니다.

그런데 얼마 전에 신문을 보다 김혜남 저자의 충격적인 인터뷰 기사를 읽게 되었습니다. 저자가 《서른 살이 심리학에게 묻다》를 출간할 당시에 파킨슨병을 7년째 앓고 있었다는 것입니다.(인터뷰 기사 : 〈조선일보〉 2015년 3월 21일 자 B1면)

김혜남 저자는 2001년 2월 42살이 되던 해에 파킨슨병을 진단받았다고 합니다. 파킨슨병은 보통 65세 이후 발병하는 노인성 질환으로 손발이 떨리고, 몸이 굳고, 행동이 느려지는 증상이 나타납니다. 특별한 치료법이 없고 우울증이나 치매를 동반하기도 하며 15년 정도 지나면 심각한 장애나 사망에 이르기도 한답니다.

저자는 파킨슨병을 진단받고 충격과 절망에 빠져 환자도 진료하지 않고 집 안에 틀어박혀 지냈습니다. 그러다 어느 날 정신이 번쩍 들었습니다.

'아니, 내가 왜 이러고 있지? 나는 그대로인데, 단지 달라진 게 있다면 내 미래가 불확실하고 몸이 조금 불편해진 것밖에 없는데, 내가 왜 이러고 있는 거야? 내가 왜 오지도 않은 미래를 걱정하느라 현재를 망치고 있는 거지?'

저자는 다시 병원에 가서 환자를 돌보기 시작했고 7년 후에 《서른 살이 심리학에게 묻다》를 썼습니다.

저자는 이야기했습니다. "아무것도 할 수 없는 상황이라고 해도, 내게 선택권이 있습니다. 무기력하게 누워서 천장만 보고 살 수도 있

고, 방 안에서 '마이크로 월드'를 발견할 수도 있습니다. 아프고 나서 내가 달팽이가 된 것 같다고 생각했습니다. 질질 끌려다니는 내 몸이 달팽이 같다고. 그런데 그렇게 천천히 누워 있는 시간이 늘어나면서, 그 전에 보이지 않던 세세한 것들이 보이기 시작했습니다. 정원에 어제와 다른 새싹이 난 거, 꽃이 핀 거… 자연의 변화가 매번 느껴지니 아름답고 경이롭습니다."

아무것도 할 수 없는 상황이라고 해도 나에게는 선택할 수 있는 능력이 있습니다. 인간은 이 선택에 따라 존엄해지기도 하고 비참해지기도 합니다. 리더십 또한 선택의 결과입니다. 어떤 선택을 하는가에 따라 사람과 조직을 살리는 힐링 리더가 되기도 하고 사람과 조직을 죽이는 킬링 리더가 될 수도 있습니다.

리더가 선택하는 언어가 리더십의 품위를 결정합니다. 언어는 사람들의 마음속에 파고들어 때론 생명이 되기도 하고 종종 파괴의 씨앗이 되기도 합니다. 금융회사에 다니는 김 팀장은 습관적으로 내뱉는 말이 있습니다.

"거 참, 그 대학 나온 사람들은 도대체 왜 다 그 모양이야?"

"야, 시키면 시키는 대로 좀 해라. 송 씨들은 왜 이렇게 똥고집이 센 거야!"

"거기 출신들은 믿을 수가 없어. 통 속을 알 수 없으니 일을 맡길 수가 있어야지."

김 팀장은 팀원들을 질책할 때 꼭 그들의 학력, 성씨, 출신 지역 등을 들먹이며 소리를 지르는 버릇이 있었습니다. 김 팀장의 이러한 버릇들은 팀원들의 마음에 큰 상처를 주었습니다. 팀원들은 김 팀장이 업무를 지시하면 최소한의 범위에서만 움직였습니다. 어떤 직원은 아예 욕먹을 각오를 하고 업무 마감 시한을 고의로 지키지 않는 경우도 있었습니다. 김 팀장이 회사로부터 불이익을 받도록 하기 위해서 말입니다.

교육 회사에 근무 중인 정 대리는 팀장으로부터 늘 이런 말을 들었습니다.

"정 대리, 그 분야는 정 대리가 전문가입니다. 정 대리의 생각은 어떻습니까?"

정 대리의 팀장은 팀원들에게 반말을 쓰지 않았습니다. 그는 아랫사람에게도 늘 높임말을 사용하며 담당자의 의견을 존중했습니다. 자신이 그 분야에 경험이 더 많으면서도 꼭 담당자의 의견을 물었습니다. 좋은 아이디어라고 생각하면 그대로 시행하고 주변에도 그 담당자의 아이디어라는 것을 알렸습니다.

한번은 정 대리가 몸살이 나서 열이 많이 나고 너무 힘든 상황이었는데도 회사에 출근해 일을 하고 있었습니다. 그때 팀장이 정 대리에게 이야기했습니다.

"정 대리, 그렇게까지 열심히 하지 않아도 돼요. 정 대리가 평소에 누구보다 일을 열심히 잘하고 있다는 건 사람들이 다 알고 있어요. 그러니 아플 때는 자기 몸부터 챙기세요. 그게 회사에도 좋은 일이니까요."

팀장의 따뜻한 말을 들은 정 대리의 눈가에 이슬이 맺혔습니다.

리더의 언어는 구성원들의 의욕을 죽이기도 하고 살리기도 합니다. 리더는 자신이 사용하는 언어에 대해 신중하게 돌아보는 시간을 가져야 합니다. 자신의 언어가 어떤지 검토하고 성찰하지 않으면 자신이 무슨 말을 하는지도 모른 채 습관적으로 말을 내뱉게 됩니다. 직원들의 배경을 들먹이며 질책하는 습관을 가진 김 팀장은 결국 팀원들의 집단 반발에 의해 한직으로 발령이 났습니다. 팀을 떠나면서 송별 회식도 갖지 못했습니다.

리더는 주기적으로 구성원들과 티타임을 가지며 편안한 분위기에서 자신이 어떤 성격의 말을 하는지 물어볼 필요가 있습니다. 자신이 무의식중에 했던 말 가운데 상처가 되었던 말은 없었는지, 또 의욕이 불끈 솟게 했던 말들은 어떤 것이었는지. 리더가 자신의 언어에 대해 구성원들에게 질문하는 모습을 보게 되면 구성원들도 각자 자신의 언어를 되돌아보게 됩니다.

이것을 좀 더 발전시켜 우리 팀에서 사용하는 언어를 주제로 워크숍을 갖는 것도 좋은 방법입니다. 어떤 언어들이 팀의 사기를 높이고 팀워크를 단단하게 하는지, 어떤 말들이 상대의 마음을 상하게 하고 일할 맛을 떨어뜨리는지 종합하고 분류해 보는 것입니다. 팀을 살리는 언어는 힐링 언어이고 팀을 죽이는 언어는 킬링 언어입니다.

힐링 언어와 킬링 언어가 있다면 힐링 행동과 킬링 행동도 있습니다.

물류 회사에서 일하는 김 부장은 점심때만 되면 부서 직원들 중 몇 명을 불러서 함께 밥을 먹습니다. 식사를 마치면 늘 법인 카드로 계산을 하고 같이 갔던 직원에게 이야기합니다.

"밥은 내가 샀으니까 차는 김 대리가 사야지."

차라리 밥을 사지 않는 것이 낫지 이런 치졸한 행위는 리더에 대한 신뢰를 땅에 떨어뜨리고 부서의 힘을 무력화화는 킬링 행동일 뿐입니다.

위에서 내려온 지시를 아래로 그대로 전달하며 직원들에게 모든 책임을 떠넘기고 자신은 결과만 체크하면서 '권한 위임'이라고 자랑스럽게 말하는 행동, 부하 직원이 제시한 아이디어가 마음에 들면 마치 자신이 한 것처럼 상부에 보고하고 공을 가로채는 행동, 능력 있는 부하 직원을 경쟁자로 생각해 없는 말을 만들어 다른 직원들에게 전달해서 이간질하는 행동. 이런 행동들은 리더 자신과 조직을 죽음으로 이끄는 킬링 행동입니다.

제가 아는 어느 회사의 CEO는 한 달에 한 번 월례회의를 할 때마다 전 직원을 한 명씩 안아 주면서 "사랑합니다."라고 말합니다. 어린이날에는 직원들의 가족까지 초청해 사비로 준비한 식사를 대접하고 선물을 주며 즐거운 시간을 보냅니다. 물론 다 큰 성인들을 안아 주면서 사랑한다고 말하는 것이 여간 어색한 일이 아닙니다. 하지만 CEO가 어머니와 같은 마음으로 진심을 다해 그런다는 것을 전 직원이 알기에 사랑하는 마음으로 함께 안아 줍니다.

언어와 행동은 생각에서 비롯됩니다. 어떤 생각으로 바라보는가에 따라 언어와 행동이 달라집니다. 킬링 언어와 킬링 행동은 킬링 생각에서 나오고, 힐링 언어와 힐링 행동은 힐링 생각에서 출발합니다.

　리더의 진심 어린 사랑 표현은 구성원들의 마음을 따뜻하게 합니다. 냉혹한 사회생활에서 메말라 버린 가슴을 새벽 옹달샘의 시원한 약수처럼 촉촉하게 적셔 줍니다. 사람과 조직을 살려 내는 힐링 행동입니다.

　언어와 행동은 생각에서 비롯됩니다. 어떤 생각으로 바라보는가에 따라 언어와 행동이 달라집니다. 킬링 언어와 킬링 행동은 킬링 생각에서 나옵니다. 힐링 언어와 힐링 행동은 힐링 생각에서 출발합니다.

킬링 생각은 사람을 믿지 않는 데서 나옵니다. 킬링 생각은 사람들이 자신을 속일 것이며, 내가 빈틈을 보이면 나를 해칠 것이라고 여깁니다. 그래서 먼저 타인에게 공격적인 언어와 태도를 보임으로써 자신을 방어하고자 합니다.

이러한 킬링 생각은 성장 과정에서 겪었던 경험을 구성하는 요인들에 의해 영향을 받게 됩니다. 부모와 가정환경, 학교와 친구 관계, 읽은 책, 영상, 우연한 만남 등이 그것입니다. 이러한 요인들이 자신에게 어떻게 영향을 미쳤는지 곰곰이 생각해 보면 자신의 언어와 행동을 이해할 수 있게 됩니다. 물론 부모에게 버림받은 경험을 가진 사람이 회사에서 사람들을 믿음으로 대하는 것은 쉬운 일은 아닙니다. 하지만 그런 경험을 가진 모든 사람이 킬링 생각을 가진 킬링 리더가 되는 것은 아닙니다. 오바마 대통령은 아버지에게 버림받고 자랐지만 오히려 그 경험으로 어려운 사람들을 돕고 지역사회에 봉사하는 일을 했습니다.

결국 어떤 생각을 할지도 자신이 선택하는 것입니다. 킬링 생각을 선택하면 킬링 언어를 사용하고 킬링 행동을 하게 됩니다. 힐링 생각을 선택하면 힐링 언어를 사용하며 힐링 행동을 하게 됩니다. 힐링 생각은 리더의 언어와 행동에 영향을 미치고, 리더의 언어와 행동은 구성원 전체의 언어와 행동에 영향을 미치며 조직 전체의 운명을 결정하게 됩니다.

따라서 리더가 먼저 힐링되지 않으면 조직은 건강해질 수 없습니다. 다음 장에서 리더 자신의 힐링에 대해 좀 더 자세히 살펴보도록 하겠습니다.

CHAPTER 02

먼저 힐링을 경험해야
힐링 리더가 될 수 있다
'셀프 힐링'

조직의 구성원들은 리더가 가는 길을 믿고 따라옵니다.
리더가 한 번 방향을 잘못 잡으면 조직 전체가 위험에 처하게 됩니다.

나를 망치는 분노, 열등감, 완벽주의 다루기

제2차 세계대전이 한창이던 1943년 8월 3일, 이탈리아 반도 옆 시칠리아에서 독일군과 싸우다 부상으로 후송된 병사들이 있던 병원에 한 미군 장군이 방문했습니다. 그는 제1사단 26보병연대의 찰스 쿨 이병을 만났습니다. 장군이 보기에 쿨 이병은 부상당한 것처럼 보이지 않았습니다. 장군은 쿨 이병에게 무엇이 문제냐고 물었습니다. 쿨은 "저는 더는 버틸 수가 없습니다."라고 했습니다. 그러자 장군은 그에게 욕을 하며 장갑 낀 손으로 따귀를 때리고 멱살을 잡아 병원 밖으로 걷어차 버리고 말았습니다.

8월 10일에 장군은 다른 후송병원을 순찰하던 중 포병대대 소속의

탁월한 재능을 가진 리더도 분노를 조절하지 못하면 한순간에 무너질 수 있습니다. 패튼 장군은 용감한 군인이었으나 화가 나면 잘 참지 못해 더 위대한 인물이 될 기회를 스스로 차단했습니다.

폴 베넷 이병을 만납니다. 장군이 보기에는 그도 쿨 이병처럼 크게 부상한 것처럼 보이지 않았습니다. 장군이 뭐가 문제냐고 물으니 베넷은 '용기'라고 대답했습니다. 그러자 장군은 베넷에게 고함치기 시작했습니다.

"너는 전선으로 돌아가 그곳에서 총을 맞건 말건 간에 그곳에서 싸워야 한다. 네가 그렇게 하지 않겠다면 나는 너를 벽에 세워 두고 총살할 것이다."

장군은 자신의 권총으로 베넷을 그 자리에서 쏘겠다고 위협했습니다. 그 장군이 바로 기갑전의 최고로 불리던 패튼이었습니다. 패튼 장군은 이 일로 인해 그의 상관인 아이젠하워와 참모총장이었던 마셜을 대단히 곤란하게 만들었습니다.

"조지 패튼이 우리가 알고 있는 그의 좋지 않은 성격을 계속해서 드러내고 있습니다. 이번 전역에서 작전 중 저는 그 때문에 몇 번이나 매우 불편한 일을 겪어야 했습니다."

아이젠하워가 마셜 총장에게 보고한 내용입니다. 위의 두 사건이 언론에 알려진 이후 패튼 장군은 중요한 작전에서 배제되기 시작합니다. 그를 신뢰하고 중요한 임무를 맡겼던 그의 상관들도 더는 그를 보호할 수 없는 상황이 되어 버렸기 때문입니다.(참고 : 《전쟁 영웅들의 멘토, 천재 전략가 마셜》H. 폴 제퍼스, 앨런 액설로드, 255~262pp, 플래닛미디어, 2010)

탁월한 재능을 가진 리더도 분노를 조절하지 못하면 한순간에 무너질 수 있습니다. 패튼 장군이 만약 자신의 분노를 잘 다스릴 수 있었다면 그는 맥아더나 아이젠하워보다 더 위대한 장군이 됐을지도 모를 일입니다.

저도 이 분노의 영향에서 자유롭지는 못했습니다. 저는 평소에는 화를 거의 내지 않는 편입니다. 웬만한 일은 참고 넘기는 스타일이지요. 하지만 어떤 상황이 되어 이건 아니다 싶으면 앞뒤 가리지 않고 분노를 폭발합니다. 군에서 장교로 근무할 때도 몇 번 그런 일이 있어 상당히 힘든 적이 있었습니다. 제가 저를 힘들게 만들었던 분노를 조금씩 극복해 왔던 과정을 몇 가지 공유할까 합니다.

먼저 저는 제가 아주 가끔 어떤 상황이 되면 스스로를 통제하지 못할 정도로 분노를 터뜨리고 있으며 그것이 제 인생에 중대한 악영향을 미칠 수 있다는 것을 인식했습니다. 이러한 인식을 통해 '이 분노를 내가 잘 다스리지 못하면 큰일 나겠구나.'라는 생각을 하게 되어 분노를 자제하고 다른 생산적인 방법으로 표현할 수 있는 방식을 찾아야겠다고 결심하게 되었습니다.

제가 제일 먼저 했던 일은 '내가 왜 이런 분노를 가진 사람이 되었을까?'라고 생각하며 원인을 찾는 것이었습니다. 도서관에 가서 심리와 관련된 많은 책을 읽기 시작했습니다. 결국 원인을 이해할 수 있게 되었습니다. 그것은 저의 아주 오래전 이야기, 어린 시절과 관계가 있었습니다.

제 부모님은 시골에서 결혼하여 가진 것 하나 없이 숟가락과 밥그릇 몇 개만 챙겨서 서울로 올라오셨답니다. 아버지는 리어카에 과일을 싣고 동네를 다니며 파는 과일 행상을 하셨습니다. 그러다 상계동 마들평야의 땅을 빌려 비닐하우스에 호박 농사를 짓기 시작했고 이후로는 계속 농사일을 하고 계십니다. 초등학교 때까지 집안 형편이 매우 어려웠습니다. 어린 나이라 잘 기억나지는 않지만 저는 장남이었고 부모님이 고생하시는 모습을 보며 제 마음도 많이 힘들었습니다. 그러다 보니 하고 싶은 게 있거나 갖고 싶은 게 있어도 제대로 표현하지 못했습니다. 보이스카우트를 꼭 해 보고 싶었지만 부모님께 한 번도 말씀드리지 못했습니다.

초등학교 6학년 때 전교어린이회 미화부장을 맡았습니다. 하루는 전교어린이회 회장 엄마가 저를 찾아와 저희 집에 가 보자고 했습니다. 왜 그러시냐고 물으니 다른 임원들 엄마는 다 학교에 나오는데 수용이 엄마만 학교에 안 나와서 직접 만나 보고 싶다는 것이었습니다. 저는 순간적으로 엄마가 지금 집에 안 계시다고 화를 내며 말했습니다. 회장 엄마가 어디 가셨느냐고 물으시기에 시장에 갔다고 대답했습니다. 사실 엄마는 장 보러 가신 것이 아니라 밭에 일하러 가셨던 것이지요. 회장 엄마가 아주 크고 좋은 외제차를 타고 와서 다 쓰러져 가는 우리 집 단칸방에 찾아온다는 것이 부끄럽고 창피했기 때문에 그렇게 둘러댔던 것입니다.

제가 몸은 커서 어른이 되었지만 그때 그 회장 엄마에게 화를 내며 느꼈던 수치심과 모멸감은 제 안에 그대로 남아 있었습니다. 바로 이 수치심과 모멸감이 제 무의식 속에 남아 있다가 성인이 된 지금, 어떤 상황에서 그때와 비슷한 수치심을 느끼게 되면 나도 모르게 분노가 폭발하는 것이었습니다. 이렇게 내 분노의 원인을 이해하게 된 다음부터 마음이 좀 편안해졌습니다. 그리고 이 분노하는 못된 버릇을 꼭 고치고 싶었습니다. 책에서 제시하는 몇 가지 치유 방법을 실제로 실행해 보았습니다.

우선 나 자신에게 편지를 썼습니다.

수용아… 많이 힘들었지. 친구 엄마가 집에 가 보자고 했을 때 엄마는 밭에 갔는데도 시장에 갔다고 거짓말까지 해야 했으니 얼마나 힘들었겠니. 보이스카우트에 꼭 가입하고 싶었지만 엄마 아빠가 밭에서 고생하시는 거 보며 결국 말도 못 꺼내고 말았었지.
수용아, 정말 고생했다. 나는 네가 그런 일들을 겪으며 늘 불안해하고 누군가 너에게 가까이 오면 너의 그 열등감을 들킬까 봐 초조해하며 항상 사람들과 일정한 거리를 두었다는 것도 알아. 그리고 넌 속마음이 드러나지 않도록 사람들 앞에서 늘 재미있는 이야기를 하며 유머와 리더십을 보이려고 했지.
수용아, 이젠 괜찮아. 네가 그런 어려움을 겪었기 때문에 나중에 같은 어려움을 겪는 사람들을 도우며 사람들에게 열정과 희망을 불러일으키는 최고의 강사가 될 수 있었던 거잖아. 이젠 더는 불안해할 필요 없단다. 아버지도 연세가 드시면서 너무 좋은 분이 되셨고 이젠 다른 사람 의식하지 않고 마음 편하게 우리의 생활을 누릴 수 있게 되었잖아.
수용아… 이제 우리 함께 행복을 누리자. 그리고 이웃들과 함께 나누며 살자.
이건 모두 네가 그 힘든 상황에서도 잘 참아 주었기 때문이야.
수용아, 정말 장하다.

나 스스로를 위로하고 격려하는 편지를 쓰고 나니 마음이 한결 홀가분해지고 기분도 좋아졌습니다. 이것을 셀프 토크라고 합니다. 자신과 대화하면서 스스로에게 용기를 줄 수 있는 대화. 저는 매일 노트나 스마트폰 메모장에 셀프 토크를 하면서 마음을 다스릴 수 있었습니다.

다음으로 제가 분노하게 되는 상황이 닥치면 어떤 행동을 할 것인지 미리 정해 놓았습니다. 누군가와 어떤 문제가 생겨 분노가 폭발하려고 하면 일단 상대방이 눈치 채지 못하게 코로 숨을 서서히 길게 들이마시기 시작합니다. 마음속으로는 숫자를 셉니다. 하나, 둘, 셋… 아주 천천히 열을 셉니다. 그리고 바로 그 자리에서 어떤 반응을 보이거나 대답을 하는 것이 아니라 나중에 다시 이야기를 나누자고 상대방에게 부드럽게 말합니다. 이렇게 시간을 벌고 나서 혼자 다시 그 상황을 세심하게 분석하고 생각해 봅니다. 감정을 내려놓고 합리적인 대응 방안을 찾아 다음에 상대방과 차분한 상태에서 이야기를 나누면 훨씬 좋은 일들이 있게 됩니다. 그렇게 해서 일이 잘 정리되고 나면 스스로에게 칭찬을 해 줍니다.

"수용아, 참 잘했다. 화를 내고 분노를 폭발할 뻔한 상황에서 이미 다 지나 버린 어렸을 때의 그 수치심과 모멸감에 휘둘리지 않고 성숙한 태도로 잘 대응해 주었어. 덕분에 사람들과 관계도 좋아졌고 일도 좋은 결과를 거둘 수 있었지. 넌 참 멋진 리더야…."

다소 유치해 보이지만 자신에게 던지는 이런 칭찬의 말 한마디가 큰 힘이 됩니다. 어른이란 큰 몸을 가진 어린아이나 마찬가지입니다. 우리 안에는 모두 사랑받고 싶고 칭찬 듣고 싶은 어린아이와 같은 마음이 있습니다. 이 사랑과 칭찬을 다른 사람들에게 받기를 기대하고 그런 사람을 찾아 나서면 인생은 더욱 힘들어지게 됩니다. 인생은 본질적으로 나와 같이 가는 것입니다. 혼자 벌거벗고 태어나서 죽을 때도 혼자 관 속으로 가는 것입니다. 다른 사람과 함께 관 속으로 가는 것이 아닙니다. 내가 나를 사랑하고 격려하며 당당하게 하루하루를 살아가는 것입니다. 내가 나를 바로 세우고 그다음에 주변 사람을 보는 것입니다.

이렇게 나를 사랑하고 칭찬하며 스스로를 아낄 수 있게 되면 분노

하는 버릇은 서서히 없어지게 됩니다. 마찬가지로 열등감도 자연스럽게 사라집니다. 또한 내가 더는 다른 사람의 칭찬이나 반응에 크게 신경 쓰지 않게 됨에 따라 지나치게 완벽을 추구하지 않아도 내가 괜찮은 사람임을 느낄 수 있게 되어 완벽주의도 극복하게 됩니다.

오늘의 나는 어제까지의 내 삶이 하루하루 모여 이루어진 것입니다. 나에게 분노나 열등감, 완벽주의가 있다는 것을 알고 있다면 그 원인을 잘 이해해야 합니다. 그 원인이 발생한 시절의 나를 위로하고 따듯하게 격려해 주어야 합니다. 분노, 열등감, 완벽주의 행동이 표출되려고 할 때 나만의 대체 행동들을 미리 생각해 두었다가 실행해야 합니다. 그리고 그렇게 해낸 자신을 칭찬하고 격려해 주어야 합니다.

리더가 이런 과정을 통해 자신을 힐링하고 감정과 마음이 안정되면 그 영향은 조직 전체로 퍼지게 됩니다. 리더를 따르는 구성원들은 늘 리더의 표정과 기분을 살피고 있습니다. 리더가 화를 내면 조직 전체가 긴장하고 굳어집니다. 이런 조직에서는 새롭고 톡톡 튀는 창의적인 아이디어가 나올 수 없습니다. 리더의 감정이 안정되어 있고 조금이라도 잘한 일은 마음껏 칭찬해 주고 잘못된 일은 격려하고 다시 도전해 보라고 용기를 준다면 그 조직은 살아서 펄떡거리는 최고의 조직이 될 것입니다.

열등감

나는 명문대학을 못 나온 것이 늘 불리하다고 생각했습니다. - 마쓰시타 고노스케
그는 초등학교밖에 못 나왔기에 늘 배우려고 애썼습니다.
그는 570개 계열사를 거느린 기업의 회장이 되었습니다.

나는 키가 작은 것이 늘 창피했습니다. - 덩샤오핑
그는 150cm 정도의 키로 웅대한 꿈을 꾸었습니다.
그는 광활한 중국의 최고 지도자가 되었습니다.

나는 못난 얼굴을 물려준 부모님을 원망했습니다. - 이지선
그녀는 화상 입은 얼굴로 희망을 포기하지 않았습니다.
그녀는 책을 쓰고 희망전도사가 되었습니다.

나는 사업에 실패해 10억의 빚을 지고 죽고 싶었습니다. - 김영식
그는 17억의 빚을 지고 다시 도전했습니다.
그는 500억대 기업을 다시 만들었습니다.

나는 장애가 있어 아무것도 할 수 없다고 생각했습니다. - 강영우
그는 앞을 보지 못하면서도 공부에 전념했습니다.
그는 한국인으로서 미국 정부의 고위 관료가 되었습니다.

실제로 열등한 사람이 있는 것이 아니라 스스로 열등하다고 느끼는 사람이 있을 뿐입니다. - "송수용/The 위로" 중에서

02 스트레스를 연료로 꿈을 이루다

스트레스는 리더를 힘들게 합니다. 스트레스는 리더에게 원형탈모증을 주기도 합니다. 스트레스가 리더의 건전한 판단력을 흐리게 만들어 조직에 치명적인 위기를 불러올 때도 있습니다. 그러나 이런 사태는 어디까지나 리더가 스트레스에 압도당했을 때 이야기입니다. 어떤 리더는 스트레스를 통해 더 강해지고 더욱 지혜로워지기 때문입니다.

키가 훤칠하게 크고 얼굴도 매우 잘생겼습니다. 어딜 가나 자신감이 넘치고 당당한 모습으로 여러 사람들 속에서도 유난히 눈에 띄었습니다. 정계에 입문해 미국 뉴욕 주의 상원의원이 되었습니다. 그런데 어느 날 두 다리를 쓸 수 없게 되었습니다. 갑작스레 찾아온 소아마비 때문이었습니다. 하루아침에 장애인이 되어 버린 것입니다.

만일 누군가 이런 상황에 처했다면 그의 남은 인생은 어떻게 되었을까요? 보통은 술이나 약물에 빠져 자신의 운명을 저주하고 원망하다 한 많은 인생을 무의미하게 마감했을 것입니다. 그런데 그 장애인은 대통령이 되고 맙니다. 그것도 네 번이나 말입니다. 그는 공황에 빠진 경제를 살려 내 국가를 구했습니다. 제2차 세계대전을 총지휘하며 연합군의 승리를 이끌어 세계를 구했습니다.

그가 바로 미국 역사상 초유의 4선 대통령 프랭클린 루스벨트입니다. 그의 부인 엘리너 여사는 남편에 대해 이런 이야기를 남겼습니다.

"장애를 극복하기 위한 고독한 싸움과 승리가 그에게 전에 없는 힘과 용기를 주었으며, 삶에서 중요한 것이 무엇인지를 파악하고 끝없는 인내와 불굴의 의지라는 위대한 교훈을 주었을 것이다."

루스벨트는 1921년 38살 되던 해 소아마비에 걸려 다리를 못 쓰게 되었습니다. 이후 재활 훈련을 통해 1928년 몸을 움직일 수 있게 됩니다. 그리고 1933년 3월 4일 마침내 대통령에 취임합니다. 대통령이 되자마자 1만 5,000여 개의 기업이 파산하며 국가 전체를 절망과 어둠으로 삼켜 버린 경제 대공황과 전쟁을 치러야 했습니다. 그는 장애인의 몸이었지만 국민에게 단호하고 결연하며 강력한 리더십을 보여 주었

미국의 제32대 대통령인 프랭클린 루스벨트는 소아마비 장애인의 몸이었지만 국민에게 단호하고 강력한 리더십을 발휘하여 경제공황을 극복해 냈습니다.

습니다. 대통령으로 취임하던 첫날 그는 이렇게 이야기했습니다.

"우리가 두려워해야 할 것은 두려움, 그 자체밖에는 없습니다!"

그리고 두려움에 무릎 꿇지 않고 어떻게 맞서야 하는지를 직접 보여 주고 구체적인 대안을 마련해 국민 한 명 한 명의 귓가에 들려주었습니다. 바로 누구도 예상치 못했던 '난롯가의 담화'라는 라디오 연설을 통해서 말입니다. 이제 막 국민에게 라디오가 보급되어 가던 시기에 대통령이 직접 자신의 목소리로 국가에 닥친 재난을 어떻게 극복할 것인지 따듯하면서도 강력하게 들려주자 국민은 안심하기 시작했습니다. 단합하기 시작했습니다. 그를 진심으로 믿고 따르기 시작했습니다. 결국 미국은 그의 리더십을 통해 대공황의 어두운 터널을 지나 새로운 번영의 시대를 맞이하게 됩니다.

　루스벨트가 모든 사람이 공포에 빠진 상황에서도 이토록 강력한 리더십을 보일 수 있었던 것은 불굴의 투지와 인내로 자신의 장애를 극복해 본 경험과 결코 무관하지 않을 것입니다. 또한 장애인이 되어 어려움을 직접 겪으면서 약한 자, 낮은 자들에 대한 이해와 사랑의 마음을 갖게 된 것이 '난롯가의 담화'라는 따뜻한 리더십을 이끌어 냈을 것입니다. 장애는 당사자에게 치명적인 스트레스가 될 수 있습니다. 그러나 루스벨트는 그 장애를 극복해 더 강하고 더 지혜롭고 더 따뜻한 리더가 되었습니다. 루스벨트에게 스트레스는 꿈을 이루어 주는 소중한 연료가 되었습니다.

　제가 어느 기업의 세일즈 부문 담당자 200여 명을 대상으로 강연을 하러 갔을 때 일입니다. 강연 장소가 회사 밖에 있는 회관의 소극장이었습니다. 강연은 아침 9시부터 시작될 예정이었습니다. 저는 8시 30분에 도착해 강연 준비를 하고 있었습니다. 그런데 8시 55분이 되었는데도 빔 프로젝터가 제대로 작동되지 않았습니다. 교육 담당자는 애가 타는 모습으로 소극장 관리인에게 계속 전화를 걸었습니다. 관리자가 전화를 받지 않습니다. 소극장 관리사무실에 달려가 다른 직원에게 문의했습니다. 그 직원이 강연장에 왔으나 담당이 아니라 어떻게 해야 할지 모르겠답니다. 교육 담당자는 얼굴이 벌겋게 달아오르고 어쩔 줄 몰라 했습니다. 200여 명의 교육생이 기다리고 있고 교육 시간은 지났는데 교육 준비가 제대로 안 되었으니 얼마나 마음이 힘들었겠습니까. 강연이 시작되기를 기다리고 있던 교육생들도 무슨 일인가 하고 술렁이기 시작했습니다. 보통 이런 상황이 되면 강사도 당황해서 스트레스를 받기 마련입니다. 강연에 필요한 각종 동영상과 자료를 PPT로 준비해 왔기 때문에 빔 프로젝터가 작동되지 않으면 강연을 제대로 진행하기가 어렵기 때문입니다.

저는 여유 있게 웃으면서 교육 담당자에게 걱정하지 말라고 했습니다. 그리고 9시 5분까지 빔 프로젝터가 해결이 안 되자 저는 담당자에게 강의를 그냥 시작할 테니 소개를 해 달라고 했습니다. 소개가 끝나고 강단에 서자 오히려 교육생들이 다소 불안한 눈빛으로 저를 바라보고 있었습니다. 저는 더욱더 환한 표정과 밝은 웃음을 띠며 강의를 시작했습니다. PPT 화면 없이 강연을 하니 교육생들은 더욱 제 얼굴에 집중하며 강의를 들었습니다. 제 강의는 이론 설명이 아니라 위기의 상황에서 독특한 아이디어로 위기를 돌파해 낸 재미있는 스토리로 되어 있기에 교육생들은 금세 제 이야기에 몰입했습니다. 30여 분가량 강의가 유쾌하게 진행되는 동안 소극장 관리자가 도착해서 빔 프로젝터 문제를 해결할 수 있었습니다.

저는 방금 있었던 일에 대해 이야기했습니다.

"여러분, 조금 전과 같이 강의 시간이 되었는데도 빔 프로젝터가 안 되는 상황에서 강사인 제가 짜증을 내고 불만스런 얼굴로 올라와서 강의를 했으면 어떤 일들이 벌어졌을까요? 교육 담당자는 더 미안해하며 소극장 관리자에게 따지고 큰소리가 났을 것입니다. 소극장 관리자는 미안하긴 하지만 과도한 반응을 보이는 사람에게 기분 좋은 감정을 갖지는 않았을 것입니다. 여러분은 이곳을 계속 교육 장소로 사용해야 하는데 앞으로 여러 가지 협조해야 할 일이 원활히 진행되지 않을 수도 있을 것입니다. 저 또한 짜증스러운 마음으로 강의를 했다면 강의가 제대로 되지 않았을 것이고, 여러분에게도 그 짜증이 전달되어 안 좋은 마음으로 강의를 들었을 것이고 오늘 교육은 성과는커녕 완전히 모든 사람이 짜증만 안은 채 끝나고 말았을 것입니다.

제가 이 상황에서도 아무렇지 않게 더 즐거운 모습으로 강의를 하니 여러분도 행복하고 교육 담당자도 안심했으며 소극장 관리자분도 고마워하게 되었습니다. 오늘 제가 한 모든 강의의 핵심은 바로 이 사례에 담겨 있습니다."

강의가 끝나자 모든 참가자가 함박웃음을 지으며 환호성을 지르고 우레와 같은 박수를 보내 주었습니다. 이후 저는 이 기업의 전국 모든 센터에서 강의를 하게 되었습니다. 사실 저는 강의를 수없이 다니면서 이와 같은 당황스런 일을 여러 차례 경험했습니다. 잠실 교통회관에

800여 명 대상으로 강의를 하러 갔는데 현장에 빔 프로젝터가 아예 없었습니다. 담당자에게 얘기하니 당연히 빔 프로젝터가 있을 것으로 생각하고 준비하지 않았다고 합니다. 당황스러웠습니다. 처음엔 '뭐 이런 경우가 다 있나!' 하고 짜증도 났습니다. 그러나 이미 상황은 벌어졌고 어쩔 수 없었습니다. 저는 침착하게 메모지에 강의할 내용의 제목만 순서대로 적고 PPT 파일 없이 강의를 했습니다. 강의는 대성공이었고 참가자들은 열광했습니다. 이 경험이 저를 강연장에서 어떤 돌발 상황이 벌어져도 당황하지 않고 여유 있게 대처할 수 있는 역량을 키워 주었습니다.

리더에게 스트레스는 피할 수 없는 상대입니다. 스트레스의 종류도 다양합니다. 과도하게 주어진 목표, 대면하고 싶지 않은 상사, 제멋대로인 부하 직원, 갑작스레 발생하는 돌발 상황, 돈 문제, 집안 문제 등등. 이러한 스트레스 하나하나가 사실은 나의 마음을 닦고 능력을 향상해 주는 소중한 실습 과제입니다. 그 과제들이 내게 떨어질 때마다 생각하게 됩니다.

이 문제의 핵심은 무엇일까? 왜 이런 일이 발생했을까? 이 일을 해결하려면 어떤 질문이 필요한가? 이 일이 발생하는 데 혹시 내가 가지고 있던 기존의 생각이나 태도가 영향을 미친 것은 아닐까? 이 일을 해결하는 과정에서 나는 무엇을 배우게 될까? 이 일에 정통한 사람이 누굴까? 이 일을 해결하는 데 도움을 줄 수 있는 사람은 누가 있을까? 만일 이 일을 제대로 해결하지 못한다면 최악의 상황은 어떻게 될까?

　이런 질문들을 스스로에게 던지며 깊이 생각하고 차근차근 대응 방안을 찾다 보면 자신도 모르게 문제 해결 능력이 커지게 됩니다. 리더는 문제를 통해 성장합니다. 리더는 스트레스를 통해 새로운 능력을 키워 갑니다. 스트레스의 크기가 클수록 나의 그릇도 커지게 됩니다. 하늘은 나를 망하게 하기 위해 스트레스를 주는 것이 아니라 나를 더 크게 쓰기 위해 과제를 내리는 것입니다. 힐링 리더는 스트레스를 연료로 삼아 꿈을 향해 가는 사람을 말합니다.

냉소가 주는 우월감보다
미소가 주는 행복감을 택하라

1985년 숙명여대 의류학과 박사 과정 중에 미국으로 갑니다. 식당 종업원, 최저임금을 받는 의료기기 공장의 조립공 등을 거쳐 2년 만에 가죽 벨트를 전문으로 만드는 중소기업에서 작업반장이 되었습니다. 죽어라고 일만 합니다. 다른 직원들이 어슬렁거리고 쉬면서 잡담하고 놀면 냉소적으로 바라보며 자신은 눈 하나 깜박하지 않고 묵묵히 일만 했습니다. 부하 직원들이 6시 정각에 퇴근할 때도 밤 10시까지 매일 야근을 합니다. 베트남, 캄보디아, 러시아 등 10개국 이상의 다국적 이민자 직원들을 교육하고 제품 품질을 최고로 유지하도록 끊임없이 독려해 생산성을 세 배 이상 올려놓았습니다. 이렇게 7년 동안 모든 걸 바쳐 일했더니 회사의 매출은 급격히 상승하고 규모도 커졌습니다.

그러던 어느 날 부사장이 그녀를 불러 느닷없이 해고를 통보합니다. 그녀는 망연자실했습니다. 분하고 억울했습니다. 미국 학벌이 부족해 그런 거라 생각하고 MBA에 진학해 학위를 취득합니다. 다른 의류 회사에 취직해 또 누구보다 열심히 일을 합니다. 그런데 아무리 일을 잘해도 승진을 시켜 주지 않았습니다. 사장을 직접 찾아가 당당하게 승진을 요구했으나 단칼에 거절당합니다.

너무 억울한 마음에 혹시나 해서 과거 자신을 해고했던 부사장에게 전화를 걸어 물어봅니다. 도대체 그렇게 많은 성과를 내고 일을 잘했던 나를 왜 해고했느냐고.
부사장이 대답했습니다.
"아니 그걸 몰랐단 말이에요? 당신은 늘 웃지도 않고 무뚝뚝하고 직원들에게 자기만큼 일을 하지 않는다고 혼내기만 해서 직원들이 무섭다고 했고 결국 불만이 너무 커져서 어쩔 수 없었던 거예요. 당신은 너무 재미가 없는 사람이었어요."

그녀는 너무나 황당했습니다. 자신은 회사를 위해 모든 걸 참고 그냥 묵묵히 일만 했는데 재미가 없어서 해고를 당한 것이라니…. 그녀는 재미있는 사람이 되기로 결심합니다. 결국 그녀는 펀 경영의 전문가가 되어 미국 100대 강사의 반열에 오릅니다. 그녀의 이름은 바로 '진수 테리'입니다. (참고 : 《펀을 잡아라》 진수 테리, 김영사, 2007)

저는 진수 테리 여사가 한국에 왔을 때 그녀의 강의를 직접 듣고 책에 사인도 받았습니다. 그녀는 정말 누가 봐도 친근하게 느껴지는 미소를 갖고 있었습니다. 다정한 눈빛과 넉넉한 웃음은 보는 이로 하여금 절로 마음의 빗장을 풀게 만들었습니다. 미국에 처음 가서 10년 이상을 열심히 일하고도 해고와 승진 누락의 아픔을 겪었지만 지금은 미국의 최고 기업들을 대상으로 편 경영 컨설팅과 강의를 하는 최고의 비즈니스 리더가 되었습니다.

다니엘 골먼 등이 쓴 《감성의 리더십》에 따르면 인간의 모든 감정 중에서 전염성이 가장 강한 것이 미소라고 합니다. 이유는 바로 우리 뇌에 있습니다. 우리 뇌의 감성 중추인 대뇌변연계는 '열린 고리' 속성을 가지고 있답니다. 자신을 조절하는 데 있어 외부의 영향을 크게 받는 속성이지요. 중환자실 담당자들을 대상으로 실시한 연구에 의하면 위안을 주는 주변 사람의 모습을 보면 환자의 혈압이 정상으로 돌아오고 동맥을 차단하는 지방산의 분비가 억제된다고 합니다. 이러한 고리를 '대인적 변연 조절'이라고 부릅니다. 사람은 이 대인적 변연 조절을 통해 다른 사람들의 호르몬 농도, 심혈관 기능, 수면 리듬, 면역 기능에 영향을 줄 수 있습니다. 이 가운데 특히 사람의 미소는 두 사람의 변연계를 이어 주어 두 사람 사이의 거리를 가장 가깝게 단축해 준다는 것입니다. (참고 : 《감성의 리더십》 다니엘 골먼 · 리처드 보이애치스 · 애니 맥키, 청림출판, 2003)

리더는 자신도 모르게 조직 전체의 감정을 결정하는 기준이 됩니다. 리더의 냉소는 구성원들의 마음을 불안하게 하고 위축시킵니다. 리더의 냉소를 바라보는 구성원들은 자신 때문에 리더가 그런 표정을 짓고 있는 것은 아닌지 자책합니다. 마음이 경직되고 생각이 굳어져 업무에 몰입하기 어렵게 됩니다.

반면에 리더의 미소는 구성원들의 미소로 이어집니다. 미소를 지으며 대화하면 일을 긍정적으로 바라보게 됩니다. 자연스럽게 구성원들의 행복감이 높아지고 일에 대한 몰입도가 높아져 업무의 생산성도 올라가기 마련입니다.

얼마 전에는 표정과 눈빛을 바꿔 영업 실적을 급격하게 올린 분을 만났습니다. 그분은 어린이 책을 판매하는 일을 하는 여성이었습니다. 그녀는 제가 발표불안 해결사 빈현우 대표님과 함께 운영하는 'DID 스피치 마스터' 8주 과정에 등록했습니다. 처음 만났을 때 그녀의 표정은 다소 불안해 보였습니다. 눈을 똑바로 마주치지 못했고 목소리도 안으로 잦아드는 편이었습니다. 그런데 교육이 시작된 지 3주 정도 지난 후에 다음과 같은 문자 메시지를 보내 주셨습니다.

"빈현우 대표님, 스피치 강의 듣는 김현정입니다. 스피치 강의 들으면서 가장 크게 달라진 점이 있어 문자 보내요. 저는 원래 냉소적이고 건조한 사람인데요, 강의를 들으면서 사랑하는 법, 칭찬하는 법을

배우고 효과를 봤어요. 주위에서 달라졌다는 소리를 많이 들어요. 특히 고객을 대할 때 사랑하는 눈빛으로 상담을 하니 저도 편하고 고객들은 진정성을 느끼나 봐요. 그 결과 첫 상담에서 250만 원을 계약했어요. 저를 믿어 주시는 거잖아요. 다 빈 대표님 덕분이에요. 감사합니다."

냉소적이고 건조한 사람이 교육과정을 통해 사랑하는 법과 칭찬하는 법을 배우고 고객을 대하는 눈빛이 달라져 고객이 진정성을 느낄 수 있게 되었고, 첫 상담에서 상당히 큰 금액의 계약을 체결하고 그 감격을 전해 온 문자 메시지였습니다. 사실 스피치 마스터 과정에서 가장 중점을 두는 부분은 말하는 기술을 가르치는 게 아닙니다. 그보다는 우선 상대방의 눈을 따뜻한 시선으로 바라볼 수 있게 하는 연습을 집중적으로 실시합니다. 한 사람이 나머지 교육생 14명과 돌아가면서 한 명씩 서로 눈을 마주치며 "사랑합니다."라고 말을 건네는 훈련을 매번 반복합니다. 처음에는 어색하고 쑥스러워서 눈도 제대로 바라보지 못하던 분들이 매주 반복해서 시도하다 보면 어느새 어색함을 잊고 편안하게 시선을 건네면서 사랑한다고 말할 수 있게 됩니다. 안 해 봐서 어색한 것이지 계속 하다 보면 자연스럽게 몸에 익기 마련입니다.

인생을 살면서 모든 돈과 기회는 사람을 통해서 옵니다. 표정은 사람들이 나를 인식하는 첫 번째 기회입니다. 따라서 표정은 학력이나 스펙보다 훨씬 중요한 능력입니다. 첫눈에 사람들에게 신뢰와 따뜻함을 전하는 표정은 강력한 자석과 같습니다. 사람들을 내게로 향하게 하고 기회들이 나를 따라오도록 만듭니다. 사람들에게 보내는 냉소를 통해 자기 위안적인 우월감을 혼자만 느끼기보다는 따뜻한 미소로 그들과 함께 행복감을 느끼는 리더가 바로 힐링 리더입니다.

나와 조직을 지키기 위해
'No!'라고 말해야 하는 순간들

인생을 살다 보면 예상치 못한 어려움들이 갑자기 들이닥치곤 합니다. 갑작스런 어려움에 빠지면 우리는 종종 유혹에 흔들리게 됩니다. 유혹은 리더에게 돌이킬 수 없는 치명상을 남기고 가 버립니다.

중견 제조 회사의 중간 리더인 차 과장은 영업 부서의 한 파트를 담당하고 있었습니다. 영업 부서원들은 각자 거래처들이 정해져 있었습니다. 차 과장은 파트장으로서 몇 개의 중요한 거래처를 담당했습니다. 차 과장은 평소 성실하고 열정적인 영업 활동으로 회사에서도 인정받고 있는 차세대 리더였습니다. 그런데 어느 순간부터 차 과장이 출근 시간에 지각을 하기 시작했습니다. 업무상 술자리 외에는 술도 많이 마시지 않던 그가 늦게까지 술을 마시는 일이 부쩍 잦아졌습니다. 그것도 비싼 술만 시켜서 마셨습니다. 얼굴은 항상 초췌한 모습이었고 낮에도 연락이 안 되는 때가 많아졌습니다. 차 과장의 부서원들과 주변에서 서서히 의아해하기 시작했습니다. 부서장이 차 과장에게 무슨 일이 있는지 물어보면 별일 없다고만 했습니다.

정기 인사가 있는 3월이 되어 부서 변경과 새로운 인사 발령이 있었습니다. 차 과장은 영업부에서 영업관리팀으로 발령이 났습니다. 부서가 변경된 사람들 간에 인수인계가 진행되었습니다. 모두가 깜짝 놀랄 일이 드러났습니다. 새로 영업부에 온 직원이 거래처에 미수금을 받으러 갔는데 거래처에서는 이미 다 지급했다고 합니다. 돌아와서 파악해 보니 차 과장이 그동안 거래처에서 수금한 돈을 다 입금하지 않고 개인적으로 유용한 사실이 밝혀졌습니다. 차 과장은 거래처에서 수금한 어음을 개인적으로 할인해 일부만 회사에 입금하고 나머지는 개인 용도로 사용했던 것입니다. 그 금액이 누적되어 무려 7억 원이 넘었습니다.

회사에서 감사에 착수해 조사해 보니 차 과장은 개인적으로 여러 가지 힘든 상황에 놓여 있었습니다. 어머니가 암에 걸려 치료비가 많이 들었습니다. 전세로 있던 집주인이 전셋값을 올려 달라고 했습니다. 두 아이가 각각 고등학교와 대학교에 진학하면서 한꺼번에 돈이 많이 필요했습니다. 차 과장이 받고 있던 월급으로는 도저히 감당할 수 없는 금액이었습니다. 이미 전세금 대출을 받았기 때문에 추가로 대출을 받기도 쉽지 않았습니다. 궁지에 몰린 차 과장은 거래처에 수금을 하러 갔다가 어음을 받아 들고 돌아오는 길에 순간적으로 몹쓸 아이디어를 떠올리고 맙니다.

일단 이 어음을 개인적으로 할인해서 일부만 현금으로 회사에 입금하고 나머지 중에 일부는 먼저 시급한 어머니 병원비로 쓰고 또 일부는 주식 투자로 돈을 벌어서 나중에 회사에 입금하기로 마음먹은 것입니다. 그가 경리부서에 일부만 입금하면서 나머지는 다음 달에 수금하게 됐다고 이야기하니 별문제 없이 지나갔습니다. 그렇게 한 번 잘 넘어가고 나니 다음번 수금에서도 똑같은 수법으로 진행했습니다. 그런데 문제는 주식 투자가 생각만큼 안 되는 것이었습니다. 돈을 벌어서 회사에 입금해야 하는데 오히려 손해를 보는 경우가 더 많았습니다. 그러자 이번에는 주식이 아니라 경마, 경정, 투견 등 한 번에 돈을 만회할 수 있어 보이는 곳에 닥치는 대로 돈을 쏟아붓기 시작했습니다. 시간이 지나면서 유용한 금액이 점점 커지자 그는 서서히 불안해지기 시작했습니다. 그때부터 술을 먹기 시작합니다. 주변 사람들에게 작은 일에도 심하게 화를 냈습니다. 그런 와중에 부서가 변경되면서 모든 일이 밝혀지게 된 것입니다. 전도유망한 차세대 리더였던 사람이 한순간에 몰락하고 말았습니다.

아무리 힘들어도 내 존재 자체, 인생 전체를 한 번에 무너뜨릴 수 있는 선택을 해서는 안 됩니다. 유혹은 최초의 달콤함으로 끝이 없는 파멸의 늪으로 서서히 유도해 가는 특징이 있습니다.

    아무리 힘들어도 내 존재 자체, 인생 전체를 한 번에 무너뜨릴 수 있는 선택을 해서는 안 됩니다. 유혹은 최초의 달콤함으로 끝이 없는 파멸의 늪으로 서서히 유도해 가는 특징이 있습니다. 금지된 방법으로 이루어진 처음 성공은 사람에게 '어! 이렇게 해도 별문제 없이 지나가네.' 하는 생각을 갖게 합니다. 이 작은 생각이 해서는 안 될 다음 시도를 하게 합니다. 급기야 유혹의 관성 궤도에 올라타게 되면 잘못을 하고도 그것이 잘못된 것이라는 죄책감을 느끼지 못하게 됩니다. 그럼 점점 더 대담하게 훨씬 규모가 큰 잘못을 저지릅니다. 결국 임계점에 도달하면 모든 것이 탄로 나게 되고 한 인생이 파멸에 이르게 됩니다.

　일시적으로 제한된 범위 내에서 속일 수는 있으나 지속적으로 모든 사람을 속이는 것은 불가능합니다. 언젠가 들통이 나게 되어 있습니다. 너무나도 당연한 이 사실을 내가 어려운 상황에 갑자기 맞닥뜨리게 되면 잊어버릴 수 있습니다. 매일 보는 신문에서도 하루가 멀다고 사회 지도층들이 지름길처럼 보이는 유혹에 빠져 하루아침에 감옥에 가거나 스스로 목숨을 끊는 안타까운 소식들이 전해지고 있습니다. 따라서 리더들은 평소에 이러한 생각을 내면화해 놓아야 합니다. 아무리 어려운 상황이 닥쳐도 내가 움직일 수 있는 능력 범위 내에서 대응해야 합니다. 원칙을 지키면서 현재 닥친 위기에 맞서야 합니다. 물론 그 과정에서 마음이 아프고 자존심이 상하는 일들이 일어날 수 있습니다. 하지만 그 과정들은 어쩔 수 없는 것이며 반드시 지나가게 되어 있습니다. 인내하고 버티면서 아픔들을 수용하고 지나가야 다음을 기약할 수 있습니다. 현재의 고통을 한 번에 해소하기 위해 금지된 수준으로 대응할 경우 내 존재 전체의 기반이 사라지는 상황을 초래하게 됩니다.

　개인적인 일에서뿐만 아니라 조직 경영상의 문제에서도 리더는 유혹적인 의사 결정의 순간에 맞닥뜨릴 때가 있습니다. 리더의 의사 결정에는 반드시 대가가 따릅니다.

제너럴 모터스가 말리부를 출시했을 때의 일입니다. 회사는 이 모델의 연료 탱크에 결함이 있다는 사실을 알게 되었습니다. 그 결함을 수리하는 데 대당 2.4달러가 필요했습니다. 경영진은 모든 차를 리콜해 수리하는 것보다 문제가 생겼을 때 법정 소송으로 합의하는 것이 더 경제적이라는 결정을 내립니다. 이 결정으로 회사는 예상하지 못한 혹독한 대가를 치르게 됩니다. 차체의 결함으로 심각한 화상을 입은 6명이 소송을 제기했고 법원은 49억 달러라는 천문학적인 배상 명령을 내렸습니다. 아울러 회사의 신뢰도에 치명적인 상처를 남기고 말았습니다. 단기적으로 경제적인 손해를 줄이기 위한 의사 결정이 경제적으로뿐만 아니라 장기적인 회사의 성장 발전에 훨씬 파괴적인 피해를 준 것입니다. (참고 : 《영혼을 움직이는 리더》 커트 센스케, 황금부엉이, 2005)

리더는 당면한 어려움을 회피하고 순간적인 이익을 쫓기 위해 장기적인 신뢰를 손상하는 결정을 내리고 싶은 유혹에 단호하게 "No"라고 말할 수 있어야 합니다. 결국 시간이 지나면 진실은 드러나기 때문입니다. 아울러 진실이 드러나기 전까지 피할 수 없는 리더의 불안감은 자신과 구성원, 조직 전체의 문화를 병들게 합니다.

재정 상태가 좋지 않았던 대형 기계류를 생산하는 회사가 있었습니다. 작업반장이 공장의 조립 라인에 문제가 생겨 5만 달러짜리 트레일러의 용접이 잘못됐다고 보고했습니다. 반장은 보고하면서 두 가지

조치가 가능하다고 했습니다. 한 가지는 다시 용접을 하고 용접이 잘못된 부분은 페인트를 칠해 감추는 것이고, 또 한 가지는 최종 제품에는 큰 문제가 없으니 잘못된 부분을 그대로 두고 고객이 발견하지 못하기를 기대하는 것이라고 했습니다. 보고를 받은 사장은 직원에게 용접용 발염기를 달라고 했습니다. 그리고 직원들이 보는 앞에서 트레일러를 반으로 잘라 두 동강을 냈습니다. 반장이 깜짝 놀라 물었습니다. "이제 어떡하라는 말입니까?" 사장이 대답했습니다. "이 트레일러는 고물로 처리해 버리고 새로 시작합시다."

    회사는 힘들었던 재정 상태를 극복하고 최고의 품질을 자랑하는 기업으로 성장했습니다. 힐링 리더는 자신과 구성원들의 의식이나 생각을 병들게 할 수 있는 유혹 바이러스들을 사전에 차단하는 예방 역할을 하는 리더입니다. 병든 다음에 치유하고 회복하려면 예방에 들어가는 노력이나 비용과 비교가 안 될 만큼 더 큰 고통을 치러야 합니다. 힐링 리더는 당장의 위급한 상황에 쫓겨 유혹에 흔들려 급하게 결정하는 것이 아니라 지혜롭게 전체를 보고 지속 가능한 결정을 합니다.

05
최고의 힐링은 나만의 고유성을 발견하는 것이다

'자신이 어디에도 속하지 못한다는 사실 때문에 항상 두려웠다. 자신의 본모습을 숨기거나 다른 사람인 척하지 않으면 흑인 사회에서든 백인 사회에서든 영원히 이방인일 수밖에 없을 거라는 두려움. 그게 그의 발목을 잡고 있었다.'

후에 세계에 가장 큰 영향을 미치는 리더가 될 사람의 전기에서 묘사한 그의 20대 시절 모습입니다. 어느 집단에도 속하지 못하고 경계선상에서 불안과 두려움에 떨던 그의 방황을 정리해 준 것은 다름 아닌 이복동생의 돌연한 죽음이었습니다. 비록 어머니가 다른 이복동생이었지만 동생의 갑작스런 죽음에 그는 스스로에게 질문하게 됩니다.

'나와 피를 나눈 그들은 누구일까? 그녀의 슬픔을 무엇으로, 어떻게 덜어 줄 수 있을까? 그 청년은 죽기 전까지 어떤 생각, 어떤 꿈을 품고 살았을까? 그리고… 가족을 잃고도 눈물 한 방울 나지 않는 나는, 도대체 누구인가?'

이후, 그는 학자금 대출금을 갚기 위해 취업했다가 자신의 사무실과 비서를 둔 직위까지 올라 성공적으로 다니고 있었던 회사를 그만두고 지역사회 운동가의 길을 선택합니다. 열악한 지역사회에서 빈곤과 폭력에 노출된 사람들을 돕는 활동을 하면서 그는 자신의 고유한 정체성과 능력을 체험합니다. 비로소 그는 자신의 일에 어떤 불안이나 갈등도 없이 몰입할 수 있게 됩니다. 그리 길지 않은 시간에 그는 역사상 최초의 미국 흑인 대통령이 되었습니다. (참고:《열등감을 희망으로 바꾼 오바마 이야기》헤더 레어 와그너, 명진출판, 2008)

오바마는 흑인 아버지와 백인 어머니 사이에서 출생했습니다. 흑인과 백인 어느 쪽에도 속하지 못한 채 한때 술과 마리화나에 의존해 방황했습니다. 그러나 그러한 존재 자체가 다른 사람들과 구별되는 자신만의 고유한 정체성이 될 수 있다는 것을 깨닫고는 상처와 방황을 멈추고 긍지와 헌신의 삶을 선택하게 됩니다. 100% 같은 DNA를 가진 사람은 없습니다. 모든 인간은 각자 개별적으로 유일한 존재입니다. 피부색이나 사회적 신분, 학벌이나 재산으로 개인의 존엄성을 차별할 수는 없습니다. 리더가

바로 자신만의 이러한 유일한 가치성과 고유성을 자각할 때 탁월한 인생이 시작됩니다.

　제가 마흔이 되던 2008년은 저에게 대단히 힘든 한 해였습니다. 부사장으로 있던 회사를 더 좋은 회사에 인수 합병시키고 독립을 결심했습니다. 그러나 막상 독립하려고 하니 무엇을 하는 게 좋을지 선뜻 판단이 서지 않았습니다. 투자를 받아 사업을 벌이는 것은 마음이 내키지 않았습니다. 벤처기업에 있으면서 그런 경험이 많았지만 저에게는 맞지 않는다는 생각이 들었습니다. 고민 끝에 조용한 카페에 앉아 지금까지 사회에서 제가 경험해 왔던 과정 하나하나를 되짚어 보는 작업을 해 보았습니다. 백지를 꺼내 다녔던 회사들의 이름을 적고 거기에서 어떤 일들을 맡았는지, 그 일들의 성과는 어땠는지, 내가 무엇을 할 때 즐거워하고 시간 가는 줄 몰랐는지 또 어떤 순간에 힘들어했는지 생각나는 대로 적어 보았습니다.

그러한 일들을 쭉 적어 놓고 보니 제가 직원들을 도와주고 교육하는 일들을 즐겨 했다는 것을 알게 되었습니다. 저는 주로 영업, 기획, 마케팅 업무를 담당했었는데 그 업무 자체 외에 업무를 진행하는 직원들의 모습을 보면서 그들의 역량을 높일 수 있는 방법이 뭐가 있을까 하는 생각을 많이 했습니다. 그리고 그들을 도우려면 내가 먼저 배우고 알아야 한다고 생각해 외부 교육이나 세미나에 많이 참석했습니다. 그렇게 배운 내용들을 정리해 직원들에게 교육하면 상당히 반응이 좋았고 성과도 있었습니다.

이런 일들을 깨닫게 되면서 저는 강의하고 교육하는 일을 해야겠다고 생각하게 되었습니다. 바로 강남 논현역 근처에 사무실을 얻었습니다. 주변에 이제부터 강의를 하겠다고 알렸습니다. 그러나 상당 기간 동안 강의할 기회는 오지 않았습니다. 저는 그동안 여러 분야에서 영업을 해 왔기 때문에 강의도 담당자들을 찾아가 영업을 하면 딸 수 있을 것으로 생각했습니다. 하지만 그것은 저만의 착각이었습니다. 강의는 강사가 영업을 한다고 할 수 있는 일이 아니었습니다. 강의는 교육 담당자들이 이미 검증이 끝난 강사들을 찾아 섭외해 초빙하는 것이었습니다. 저는 강의나 교육 관련 분야에서 배우러 다니는 수강생이었지 강사로 활동해 본 적이 없는 완전 초짜였습니다. 아무리 친한 사이라도 강의는 선뜻 맡길 수가 없습니다. 강의가 잘못되면 강사가 책임지는 것이 아니라 교육 담당자가 책임을 져야 하기 때문입니다.

초조하고 힘든 날이 이어졌습니다. 그러던 어느 날 《10미터만 더 뛰어봐!》라는 책을 읽게 되었습니다. 저자는 천호식품의 김영식 회장님이었습니다. 회장님은 500억 가까운 회사를 성공시켰다가 투자를 잘못해 17억이라는 큰 빚을 떠안고 맙니다. 하지만 거기서 포기하지 않고 전단지부터 돌리기 시작해 다시 500억짜리 회사로 만들어 냅니다. 힘든 상황에 있던 저는 책을 읽고 큰 위로를 받고 용기를 얻었습니다. 책과 저자가 너무 고마워 저자에게 감사의 카드를 담은 예쁜 과일 바구니를 선물로 보내 드렸습니다. 놀랍게도 선물을 받은 회장님이 저에게 직접 전화를 주셨습니다.

"송수용 씨, 당신은 절대로 가난하게 살지 않을 것입니다. 책 한 권을 읽고 이렇게 저자에게 선물을 보낼 수 있는 사람은 성공할 수밖에 없습니다."

저는 회장님의 전화를 받고 너무도 큰 용기를 얻었습니다. 그리고 이튿날 한 가지 아이디어가 떠올랐습니다. 내가 브랜드가 없어 교육 담당자들이 나를 알지도 못하니 브랜드가 있는 회장님과 공동 강연회를 열면 어떨까 하는 생각을 하게 됩니다. 회장님께 전화를 걸어 이 좋은 책의 내용을 국민에게 알리는 강연회를 여는 게 어떻겠느냐고 제안을 합니다. 회장님은 흔쾌히 허락했고 바로 강연 기획에 돌입했습니다. D-Day는 2008년 11월 26일 수요일 오후로 정해졌습니다. 일단 강연장소부터 알아보기 시작했습니다. 그런데 문제가 생겼습니다. 저는 100명 정도 들어갈 수 있는 강연장을 찾고 있었는데 연말이라 웬만한 강연장은 이미 예약이 모두 끝났던 것입니다. 딱 한 군데가 남아 있었습니다. 여의도 전경련회관 대강당이었습니다. 한데 그곳은 400석이었습니다. 저는 강연 기획을 처음 해 보는 것이라 100명을 채우기도 버겁다고 생각했는데 400석이라니…. 난감했습니다. 그러나 선택의 여지가 없었습니다. 회장님과 이미 약속했고 장소는 거기밖에 없었으니까요. 일단 강연장을 계약했습니다. 그러자 세미나를 많이 해 본 분들이 심각하게 우려를 표했습니다. 평일 오후에 여의도에서 세미나를 하면 무료로 해도 30명 이상 모으기가 어려운데 2만 5,000원씩 돈을 내고 누가 오겠느냐는 것입니다.

저는 궁지에 몰렸습니다. 이러다가는 초청한 회장님께도 누가 되고 제 자신에게도 결정적인 피해가 오겠다는 생각이 들었습니다. 머리칼이 쭈뼛 서고 온몸에 소름이 돋았습니다. '어떻게 해야 할까?' 모든 신경을 집중해 생각하기 시작했습니다. 돌연 한 가지 아이디어가 떠올랐습니다. '그래 베팅을 해 보자!' 〈매일경제〉 신문에 5단 통으로 광고를 내기로 결심했습니다. 회장님 사진과 제 사진을 같은 크기로 해서 큼지막하게 양쪽에 싣고 "오늘부터 시작하는 내 인생의 반전!"이라는 콘셉트를 잡아 신문에 내보냈습니다. 결과는 상상 초월이었습니다. 광고가 나간 날 아침 8시부터 문의 전화가 오기 시작했습니다. 세미나 당일에 400석을 모두 채우고 넘쳐 430여 명이 왔습니다. 대부분이 김영식 회장님 강의를 듣기 위해 오신 분들이었습니다. 1부에 김영식 회장님이 강의를 하고 2부에 제가 강의를 했습니다.

김영식 회장님의 강의는 감동적이었습니다. 눈물과 웃음이 함께 있는 멋지고 아름다운 스토리텔링이었습니다. 2부에 제가 강단에 서자 청중은 처음 보는 강사를 호기심 어린 눈으로 바라보았습니다. 강의가 시작되고 제가 'DID(들이대)' 했던 사례들을 하나씩 소개하자 청중의 표정이 달라지기 시작했습니다. 몸을 강단 쪽으로 바짝 붙이면서 강의에 몰입했습니다. 강연이 끝나자 청중은 환호성과 함께 우레와 같은 박수를 보내 주었습니다. 그 자리에는 김영식 회장님의 강의를 들으러 온 교육 담당자들이 꽤 많았습니다. 세미나 이후에 바로 그들이 제게 강연을 의뢰해 왔습니다.

그 후로 저는 지금까지 동기부여 강사로서 왕성하게 활동하고 있습니다. 많은 분이 제 강의를 듣고 상처를 치유하고 꿈을 이루는 행복한 경험을 했습니다.

　2013년 8월 28일 강남에서 강의할 때의 일입니다. 왕복 10시간이 넘는 포항에서 제 강의를 들으려고 한 분이 찾아왔습니다. 강의가 끝나자 그는 가슴 벅찬 표정으로 꼭 저와 같이 사람들을 감동시키는 강사가 되고 싶은 꿈이 생겼다며 책에 사인을 해 달라고 요청했습니다. "정성과 DID로 세계의 많은 영혼을 움직이는 멋진 강사님이 되실 거예요."라고 적어 드렸습니다.

　2015년 1월 31일 토요일 대구 강연장에서 저는 그와 공동 강연회를 했습니다. 그가 1부에서 강의를 하고 제가 2부 강의를 했습니다. 그의 강의에는 힘이 있었고 청중에게 새로운 시각을 열어 주는 통찰력이 있었습니다. 강연이 끝나자 강연장을 가득 메운 청중은 뜨거운 박수를 보냈습니다. 2부에서 저는 그와 인연을 맺게 된 사연을 소개했습니다. 1년 반 전에 저를 찾아와 저와 같은 동기부여 강사가 되는 게 꿈이라고 했는데 이렇게 벌써 함께 강연회를 할 수 있게 되었다고. 모두 깜짝 놀랐습니다. 그는 대구에 있는 교육 회사 '꿈벗컴퍼니'의 박대호 대표입니다. 제 강의를 듣고 꿈을 품고 나중에 함께 꿈을 실현하는 자리에 선다는 것은 너무도 감격적인 경험입니다.

　저는 강의로 사람들을 힐링하는 힐링 리더가 될 수 있었습니다. 저는 강의할 때가 가장 행복합니다. 강단에서 청중 한 사람 한 사람의 눈

리더로서 겪는 내면의 많은 갈등과 아픔을 치유해 줄 최고의 힐링은 바로 나만의 고유한 정체성을 정립하고 강점을 발견하는 것입니다. 자신만의 강점을 발견해 활용하는 리더는 흔들림이 없습니다.

을 바라보며 교감할 때 가장 심장이 뜁니다. 강연을 듣고 삶을 내려놓았던 분들이 다시 한 번 해 보겠다는 메시지를 보내오면 벅찬 감동을 주체할 수가 없습니다.

저는 여러 직업을 경험했습니다. 5년간 군인이었고 전역 후에는 제지 회사에서 3년 동안 종이 영업을 했습니다. 다시 IT 회사에서 영업 마케팅 업무를 담당했습니다. 외식 업체로 옮겨 기획이사를 지냈고 제조업체에서 영업부사장을 역임했습니다. 17년 동안 이런 세월이 있은

후 그 17년의 경험을 토대로 저의 강점을 분석해 강연이라는 일을 찾았습니다. 17년의 경험은 전혀 다른 업종이었지만 모두가 지금 하는 제 강연의 소스가 되어 주었습니다. 어떤 경험이든 그 자체로 낭비거나 불필요한 경험은 없습니다. 자신만의 고유한 강점을 발견하는 순간 그 이전까지의 모든 경험은 강점을 중심으로 하나의 초점을 향해 다양한 의미로 엮이게 됩니다.

리더로서 겪는 내면의 많은 갈등과 아픔을 치유해 줄 최고의 힐링은 바로 나만의 고유한 정체성을 정립하고 강점을 발견하는 것입니다. 자신만의 고유한 정체성을 자각하고 자신의 강점을 발견해 활용하는 리더는 흔들림이 없습니다. 안정감이 있습니다. 구성원들과 자신을 비교해 시샘하거나 험담하지 않습니다. 자신의 경험을 바탕으로 함께하는 사람들을 한 사람 한 사람 각자 다른 사람으로 보고 그들의 강점을 찾아 주려고 노력합니다. 각자의 강점이 모여 시너지 효과가 날 수 있도록 전체를 조율합니다.

결정적인 순간 나의 발목을 잡는 나쁜 습관과 이별하라

많은 성과를 거두고 최고의 위치에 오른 리더들이 하루아침에 무너지는 모습을 종종 보게 됩니다. 끝이 좋아야 진짜 좋은 것입니다. 중간에 아무리 좋은 일이 많이 있었더라도 마지막이 비극적으로 끝났다면 그 인생은 허망할 뿐입니다. 아무것도 아닌 삶이 되어 버립니다. 리더가 무너지는 세부적인 이유는 다양합니다. 그 다양한 이유의 배후에는 한 가지 결정적인 마음의 습관이 있습니다. 그것은 바로 교만입니다. 사전에는 교만이 '잘난 체하며 뽐내고 건방짐'이라고 나옵니다. 성경은 교만이 패망의 선봉이라고 말합니다. 교만은 과거의 성공 경험을 자신만의 능력으로 이룬 것이라 생각하고 다른 사람들의 조언은 무시한 채 으스대며 잘난 척하는 태도를 말합니다.

1845년 11월 30일, 홍해와 지중해를 잇는 세계 최대의 운하 건설이 시작되었습니다. 당시 이집트를 영향권 내에 두고 있던 프랑스는 인도차이나 반도를 가려면 아프리카를 빙 돌아 먼 거리를 항해해야 하는 불편을 줄이기 위해 레셉스라는 인물에게 수에즈 운하 건설권을 주었습니다. 레셉스는 프랑스 황후 외제니의 자금을 후원받아 건설 회사를 설립하고, 이집트로부터 개발 지역에 대한 치외법권 특권까지 얻어 공사를 진행했습니다. 3만~6만 명에 이르는 노동자가 강제로 징집되어 전염병과 영양실조로 많은 인원이 사망하는 악전고투 속에서 처절한 공사가 계속되어 1869년 11월, 마침내 총길이 162.5킬로미터의 세계 최대 운하가 개통되었습니다.

　세계 최대의 운하 건설에 성공한 레셉스는 이어서 대서양과 태평양을 연결하는 파나마 운하 공사에 자신 있게 나섭니다. 그는 수에즈 운하 건설에서 사용했던 수평식 운하 형태를 파나마 운하에도 똑같이 적용합니다. 그러나 파나마 운하의 환경은 수에즈 운하의 그것과는 차원이 달랐습니다. 수에즈 운하는 고도차가 비교적 적은 평탄한 지형이었으나 파나마 운하는 그 굴곡이 훨씬 심했습니다. 가장 심각한 문제는 열대우림 지역의 기후였습니다. 당시만 해도 열대 지역에서의 위생과 질병에 대한 연구가 제대로 되어 있지 않은 상태였습니다. 결국 1880년에 시작된 파나마 운하 공사는 5,627명의 노동자가 사망하는 참사를 겪으며 8년 후인 1888년 공사를 중단하게 됩니다. 시간이 흘러 레셉스가 손을 떼고 1904년 파나마 운하 건설을 재개한 미국은 다른 사람의 아이디어를 활용해 레셉스와는 다른 방식의 공사로 1914년 8월 15일 마침내 공사를 마칠 수 있었습니다.

위 스토리는 역사 속에서 경영의 교훈을 찾아 공유하는 안계환 저자가 《변화 혁신, 역사에서 길을 찾다》에서 소개한 내용입니다. 세계 최대의 운하 건설을 해낸 레셉스에게는 파나마 운하도 수에즈 운하와 똑같은 운하일 뿐 다른 조건들은 눈에 들어오지 않았을 것입니다. 수에즈 운하를 건설할 때도 노동자들이 죽었고 전염병도 있었기에 이번에도 당연히 이겨 낼 것이라고 확신했을 것입니다. 리더의 교만과 잘못된 판단이 심각한 이유는 그것이 리더 개인의 잘못으로 끝나는 것이 아니라 수많은 구성원에게 피해가 가기 때문입니다. 톰 피터스는 《초우량 기업의 조건》에서 우량 기업이 몰락하지 않기 위해서 가장 조심해야 하는 순간이 바로 CEO가 저명한 잡지의 표지 모델이 되거나 자서전을 출간하는 시점이라고 밝혔습니다. CEO가 이제 뭔가 이루었다고 확신하는 순간 기업은 내리막길에 접어들 수 있다는 것입니다.

교만과 자신감은 다릅니다. 자신감은 자신에 대한 신뢰를 바탕으로 타인과 상황에 늘 겸손해합니다. 구태여 내가 실력이 있다는 것을 드러내려고 하지 않습니다. 교만은 늘 자신의 존재와 능력을 과시하려고 합니다. 사람들 앞에서 우쭐대며 거만한 자세를 보입니다. 자신감은

교만과 자신감은 다릅니다. 자신감은 자신에 대한 신뢰를 바탕으로 타인과 상황에 늘 겸손해합니다. 구태여 내가 실력이 있다는 것을 드러내려고 하지 않습니다. 교만은 늘 자신의 존재와 능력을 과시하려고 합니다.

자신의 의견을 명확히 가지고 있지만 다른 사람의 의견에도 진심으로 귀를 기울이고 배우고자 하는 마음으로 경청합니다. 상대방을 존중하는 마음으로 듣는 덕분에 자신의 판단이나 생각에 잘못이 있으면 즉각 알아차리고 수정합니다. 교만은 속으로는 자기 판단이 옳다고 믿으면서 겉으로 들어주는 척을 합니다. 나도 경청쯤은 잘하는 리더라는 것을 보여 주기 위해 형식적으로 귀를 기울입니다. 당연히 상대방이 아무리 진심으로 걱정하면서 조언해 주어도 결국 자신의 뜻대로 모든 걸 결정해 버립니다. 자신감은 리더와 조직을 성장 발전시키고 교만은 리더 자신뿐 아니라 조직 전체를 쇠퇴의 길로 인도합니다.

　1999년 뜨거운 여름, 베이징의 한 빌딩에서 세계적인 거물 투자자가 투자를 필요로 하는 벤처 기업가들을 만나고 있었습니다. 거물 투자자는 시간이 없어 한 사람당 20분씩 프레젠테이션 기회를 주었습니다. 그때 한 청년이 6분 정도 설명을 마치자 투자자는 그의 말을 끊고 투자할 테니 얼마가 필요하냐고 물었습니다. 청년은 황당한 대답을 했습니다. 자신은 돈이 필요해서 온 것이 아니라고 했습니다. 투자자가 그럼 왜 왔느냐고 물으니 그는 "당신을 만나기 위해서 온 것이 아니라 누가 여기에 가 보라고 해서 왔다."라고 답했습니다.

　20여 일 후에 투자자와 청년은 일본에서 다시 만나게 됩니다. 투자자는 3,000만 달러를 투자하고 주식의 30%를 갖겠다고 제안합니다. 청년은 5분 정도 생각한 다음 그렇게 하겠다고 말합니다. 투자자는 일본 최고 갑부 손정의 회장이었고, 청년은 중국 최대 전자상거래 기업 알리바바의 마윈 회장입니다. 사실 마윈은 그 당시에 투자자의 돈이 절실하게 필요했습니다. 하지만 마윈은 자신감이 있었습니다. 절실하다고 해서 굴욕적으로 고개를 숙이지는 않았습니다. 자신감은 교만과 다릅니다. 그가 조금이라도 교만한 모습을 보였다면 그는 투자자를 두 번 다시 만날 수 없었을 것입니다.

　　장옌이 쓴《알리바바 마윈의 12가지 인생 강의》에서는 이 일화를 얘기하면서 마윈의 배짱과 자신감에 초점을 맞추고 있습니다. 하지만 저는 손정의 회장의 겸손에 더 초점을 맞추고 싶습니다. 사실 손 회장은 이미 세계적인 기업인이었고 일본 최고 부자의 반열에 있었습니다. 그런 그가 아직 제대로 시작도 하지 않은 작은 업체의 사장이었던 마윈의 당돌한 언행을 보고도 전혀 개의치 않고 두 번이나 만나 거액을 투자할 수 있었던 것은 그의 겸손한 마음가짐 때문이라고 생각합니다. 겸손한 사람은 교만한 사람이 보지 못하는 것을 봅니다. 교만은 사실을 있는 그대로 보지 못하게 만드는 반면, 겸손은 사안의 핵심을 정확히 파악할 수 있게 해 줍니다.

얼마 전 TV에서 아침 방송을 보고 있는데 과거에 아주 잘나갔던 배우였다가 언젠가부터 보이지 않더니 십수 년 만에 나온 분이 있었습니다. 그녀는 지하 월세방에서 가족도 없이 혼자 지낸다고 했습니다. 그녀는 이렇게 말했습니다.

"저는 제가 잘나갈 때 전부 내가 잘나서 그런 줄 알았어요. 그래서 촬영장에 가면 뭐든지 내 마음대로 했죠. 시간 약속도 그냥 내가 내키는 대로 했고 내 마음에 들지 않으면 누구든 가리지 않고 막말을 하고 함부로 대했습니다. 그러다 보니 어느 순간부터 전화가 오지 않았습니다. 아무도 저를 불러 주지 않게 되었습니다. 연기 외에는 할 줄 아는 게 없었던 저는 이렇게 외톨이가 되어 혼자 근근이 끼니를 연명하고 있습니다."

잘나갈 때 더욱 조심하고 깨어 있어야 합니다. 내 태도와 행동에 조금이라도 교만한 티가 나기 시작하면 이미 실패의 길로 접어들었다고 보아야 합니다. 리더를 한순간에 무너뜨리는 교만을 피하기 위해서는 교만의 이러한 위험성을 깊이 자각하고 절대로 교만해지지 말아야겠다는 결심을 미리 하고 있어야 합니다. 그리고 주변에도 미리 부탁해 두는 것이 좋습니다. 내가 혹시 다른 사람의 말을 흘려듣고 우쭐거리는 태도를 보이거나 내 고집만 부리고 있는 모습이 조금이라도 보이면 나에게 신호를 보내 달라고 말입니다.

매일 일과를 마무리하면서 하루 동안 자신의 언행을 돌아보고 자첫 교만한 생각이나 태도들은 없었는지 성찰하면 좋겠습니다. 일기를 쓰면서 반성해 보는 것도 좋은 방법입니다. 교만은 아무리 조심해도 지나치지 않습니다. 결정적인 순간 리더의 발목을 잡는 교만이라는 나쁜 습관과 꼭 이별해야 합니다.

리더의 영혼을 돌보는
침묵과 사색의 힘

특공 여단에서 소대장으로 근무할 때였습니다. 전술훈련을 나가 다음 작전 지역으로 행군하고 있었습니다. 저는 소대장으로서 부대의 맨 앞에서 지도를 보며 앞장서 걸었습니다. 출발한 지 한 시간쯤 지났는데 왠지 느낌이 이상했습니다. 어디서 본 듯한 풍경이 이어지는 것이었습니다. 가까이 있던 소대원들이 제게 말했습니다.

"소대장님! 여기는 아까 왔던 곳 같습니다."

아뿔싸! 한 시간 동안이나 행군해서 왔는데 같은 지역을 맴돌아 다시 처음 그 자리로 돌아온 것입니다. 소대원들은 이 사실을 눈치채고 하나둘 자리에 털썩 주저앉기 시작했습니다. 소대장인 저도 순간 너무 당황해서 어찌할 바를 몰라 잠시 멍해지고 말았습니다. 다시 정신을

차린 저는 소대원들에게는 휴식을 취하도록 하고 혼자 주변 지형을 정찰해 현 위치를 정확히 파악한 후 방향을 새로 정했습니다.

구성원들은 리더가 가는 길을 믿고 따라옵니다. 리더가 한 번 방향을 잘못 잡으면 조직 전체가 위험에 처하게 됩니다. 제가 소대장으로서 만일 전시에 전장에서 그렇게 한 시간 동안 제자리를 맴돌았다면 소대원 전체의 목숨이 위태로웠을 것입니다.

속도가 빠를수록 방향은 더 중요해집니다. 속도가 빠르면 같은 시간 내에 훨씬 더 먼 거리를 가기 때문입니다. 이미 먼 거리를 내달린 다음 그 방향이 잘못됐다는 것을 알게 된다면 돌이킬 수 있는 기회가 없을지도 모릅니다. 올바른 방향을 설정하는 것, 이는 리더에게 주어진 가장 중요한 임무입니다.

고요한 호숫가에 2층짜리 통나무집이 있습니다. 아침 해가 막 떠오르기 직전, 2층 작은 침실 옆 투박한 책상에는 두툼한 서류 뭉치들이 차곡차곡 쌓여 있습니다. 투명한 안경알 너머 반짝이는 눈빛이 햇빛보다 선명합니다. 눈빛의 주인공은 서류 하나하나에 담긴 본질을 파악하기 위해 미간을 찌푸리며 골똘히 생각에 잠깁니다. 서류들은 회사의 개발자들과 임원들, 제품 관리자들이 가장 중요하다고 생각하고 작성한 프로젝트에 관한 것입니다. 시간이 지나 어느 정도 생각이 정리되면 자신만의 언어로 전략을 구상해 봅니다. 구상이 끝나면 다시 서류들을 대조 검토하며 그 구상이 타당한지 역으로 검증해 봅니다. 어느새 아침식사 시간이 지나 해가 중천에 떠오릅니다. 아래층으로 내려온 그는 산과 호수가 바라다보이는 식탁에 앉아 식사를 하면서도 계속 서류를 읽습니다. 하루에 두 번, 간단한 식사를 준비하는 관리인 외에는 가족이나 회사 직원 그 누구도 방문이 허락되지 않습니다. 그는 이렇게 온전히 2주간 자신의 생각에 몰입합니다.

〈월스트리트저널〉의 롭 거스 기자가 유일하게 초대받아 가서 관찰한 빌 게이츠의 '생각주간' 모습입니다. 빌 게이츠는 이 2주간의 '생각주간'을 통해 마이크로소프트의 전략 방향과 가장 핵심적인 사안들을 결정했습니다. 전 세계 소프트웨어 시장을 석권한 마이크로소프트의 원동력은 바로 최고경영자의 사색의 힘에서 나왔습니다. 한 기업의 최고경영자는 수많은 정보에 노출됩니다. 순간순간 판단하고 결정해 주어야 할 문제도 분야별로 매우 다양합니다. 일상 속에서 진행되는 이 과도한 판단과 결정의 업무에 시달리다 보면 누구든 지칠 수밖에 없습니다. 리더는 이 상황에서 스스로를 보호할 수 있어야 합니다. 빌 게이츠가 '생각주간'을 통해 가장 크게 깨달은 점은 자신이 모든 문제를 다 올바로 결정하고 해결할 수 없다는 것이었습니다. 그는 권한과 책임을 과감하게 위임하기 시작했습니다. 이를 통해 빌 게이츠는 더 크고 중요한 일들을 할 수 있게 됩니다. (참고 : 《빌게이츠는 왜 생각주간을 만들었을까?》 대니얼 패트릭 포레스터, 토네이도, 2012)

"나는 경쟁자는 두렵지 않다. 다만 그들의 생각이 두려울 뿐이다."

빌 게이츠가 한 말입니다. 그렇습니다. 빌 게이츠, 그는 바로 생각의 중요성을 정확히 알고 있었습니다. 자신이 경쟁자보다 더 깊이 더 앞서가는 생각을 하지 못한다면 결국 경쟁에서 패배할 것이라는 사실을 뼛속 깊이 인식하고 있었습니다. 한 조직의 수준은 리더의 생각 수준만큼만 발전할 수 있습니다. 빌 게이츠가 현장 경영에서 물러난 이후 마이크로소프트는 '생각주간'을 공식적으로 제도화했습니다. 특별하게 엄선된 40여 명의 엘리트 직원이 모여 다양한 분야의 전문가들이 제출한 아이디어를 검토하는 시간을 갖고 있다고 합니다.

사색은 침묵과 더불어 리더의 영혼을 깨끗하게 합니다. 사색하지 않는 리더는 당장은 아무런 어려움이 없어 보여도 자신과 조직을 이미 위험 상태에 빠뜨리고 있는 것과 마찬가지입니다.

　　사색이란 수많은 소음 가운데 자신에게 의미 있는 소리를 정확히 포착하는 것입니다. 하루에도 수십만 건씩 생성되는 정보 속에서 자신의 정체성과 관련된 맥락을 발견하는 것입니다. 과거에 일어난 일과 현재 진행 중인 일, 미래에 일어날 일들을 통으로 꿰뚫어 자신의 현재 위치를 인식하고 나아가야 할 방향을 보는 것입니다. 이런 사색을 하기 위해서는 자신의 내면 깊숙이 들어가야 합니다. 아무도 방해할 수 없는 심연의 고요로 침잠할 수 있어야 합니다. 자신의 영혼이 순수하게 깨어 활동할 수 있도록 해야 합니다. 침묵 속에서 오롯이 자신이 영혼과 마주할 수 있어야 합니다.

　　사색은 침묵과 더불어 리더의 영혼을 깨끗하게 합니다. 강하게 합니다. 멀리까지 볼 수 있게 합니다. 미세한 소리도 듣게 합니다. 그때까지 느끼지 못했던 통일성과 견고함을 경험하게 합니다. 사색하지 않는 리더는 당장은 아무런 어려움이 없어 보여도 자신과 조직을 이미 위험 상태에 빠뜨리고 있는 것과 마찬가지입니다. 사색하지 않는 리더의 영혼은 자신도 모르게 서서히 둔감해지고 어두워져 가기 때문입니다. 자신의 정체성과 관련된 세상과 미래의 변화를 온전히 볼 수 없기 때문입니다.

저는 사색을 위한 방법으로 세 가지를 실천하고 있습니다.
첫째는 독서를 통한 사색입니다.
둘째는 글쓰기를 통한 사색입니다.
셋째는 화두를 통한 사색입니다.

저는 보통 새벽 4시에서 4시 30분 사이에 일어나 책을 읽습니다. 주로 현재 진행하고 있는 일들을 새로운 시각에서 볼 수 있는 책들을 읽습니다. 책을 읽으며 저자가 쓴 한 문장 한 문장을 뚫어져라 쳐다봅니다. 저자는 왜 이런 단어를 사용했을까, 왜 이런 주장을 했을까, 이 문장이 내 상황에는 어떻게 적용될 수 있을까, 여러 질문을 던지며 읽어 나가다가 스치듯 아이디어가 떠오르면 문장 바로 옆이나 책의 맨 뒷장 빈 페이지에 메모를 합니다. 책을 다 읽고 나면 메모한 내용을 다시 처음부터 끝까지 살피며 일과 생활에 바로 적용할 것들을 정리합니다. 그리고 바로 실행에 옮깁니다. 독서를 통한 사색이 일에 적용할 아이디어로 탄생하고 바로 실행으로 이어지는 것입니다. 이 사이클을 한 번 경험한 사람은 절대로 독서를 통한 사색을 멈출 수가 없습니다.

글쓰기는 SNS를 통해 이루어집니다. 무분별한 SNS 활동은 피로를 초래하지만 적절히 사용하면 나를 훈련하고 성숙시키는 기회가 됩니다. 저는 '송수용의 The 위로'라는 콘셉트로 매일 한 개의 글을 스토리 채널과 SNS에 올리고 있습니다. 치열한 경쟁과 생계를 위한 처절한 몸부림 속에서 힘들어하는 사람들에게 조금이라도 위로가 되고 용기를 줄 수 있는 글들을 공유하는 것입니다. 이렇게 매일 위로의 글을 올리기 위해서는 깊이 사색하는 시간을 가져야 합니다. 순간순간 일어나는 일들을 예리하게 바라보고 그 의미를 통찰해 전할 수 있어야 합니다. 글을 쓰기 위해 재료를 찾고 준비하는 과정에서, 글을 쓰며 가장 적확한 단어와 문장을 떠올리는 과정에서 생각은 깊어지고 영혼이 투명해짐을 느낍니다. 리더에게 글쓰기는 창의적 자아를 찾아가는 소중한 사색입니다.

화두를 통한 사색은 산책을 하면서 합니다. 점심을 먹고 나면 학동공원 주변 주택가를 한 바퀴 산책합니다. 주택가 골목이라 한산하면서도 곳곳에 돌과 나무, 다양한 상점이 있어 소소한 재미를 연출합니다. 산책하기 전에는 미리 한 가지 질문을 머릿속에 담아 둡니다. '다음번 프로젝트는 어떤 콘셉트가 좋을까?', '그 기업 사람들의 마음을 움직일 수 있는 키워드는 무엇일까?' 이런 질문을 안고 때론 천천히 때론 조금 빠르게 걸으면서 하늘도 한 번 보고, 고급 주택 안에 있는 멋진 정원수들도 바라보며, 카페에서 대화를 나누고 있는 사람들을 흘 깃 엿보기도 합니다. 이렇게 편안하고 자유롭게 걷다 보면 갑자기 어떤 단어나 아이디어가 번뜩 떠오릅니다. 그럼 바로 스마트폰을 꺼내 메모장에 그것들을 기록합니다. 그리고 계속해서 꼬리에 꼬리를 물고 생각을 확장해 나갑니다. 이런 과정을 통해 많은 프로젝트를 기획했으며 강연 콘셉트도 잡을 수 있었습니다. 산책은 리더의 머리를 활성화해 줍니다. 산책은 긴장감을 풀어 평소에 떠올릴 수 없었던 아이디어들이 편하게 제멋대로 튀어나오게 만듭니다. 산책하는 리더는 쉽게 좌절하지 않습니다.

그러나 결국 사랑이 없으면 아무것도 아니다

천사의 말을 하는 사람도
사랑 없으면 소용이 없고
심오한 진리 깨달은 자도
울리는 징과 같네

이 노래를 처음 들었을 때 마치 벼락을 맞은 느낌이었습니다. 내가 천사처럼 착한 일을 아무리 많이 했더라도 사랑이 없으면 아무 소용이 없다는 것입니다. 내가 카리스마 넘치는 리더가 되어 대단한 업적을 이루었더라도 사랑이 없으면 아무것도 아니라는 것입니다. 그런데 경쟁이 치열하고 승부에서 지면 패배자가 되는 냉혹한 현실에서 '사랑'

을 얘기한다는 것은 지나치게 감상적이고 조직을 물렁하게 만드는 철없는 짓이 아닐까요?

　　11살 때는 전기가 들어오지 않는 과수원집 셋방에서 촛불을 켜고 살았습니다. 고등학교 입학식에는 교복이 없어서 누나의 교복을 어머니가 수선해 주어 입고 갔습니다. 가난 때문에 학비가 들지 않는 육사에 지원했으나 아래턱이 튀어나왔다는 이유로 탈락의 고배를 마십니다. 27살에 무작정 미국행 비행기에 몸을 실었습니다. 야간 빌딩 청소 일을 시작했으나 월급을 받지 못합니다. 자동차 부속품 회사에서 창고 정리를 하며 시간당 3,000원을 받습니다. 공부만이 살길이라 생각해 야간 대학원에 진학해 정보통신을 전공합니다. 대학원을 마치고 대기업에 들어가 엔지니어가 됩니다. 부속품처럼 움직이는 것이 싫어 입사한 지 1년 반 만에 중소기업으로 이직을 합니다. 그곳에서 광섬유 통신 시스템 개발 책임을 맡습니다. 1년간의 몰입 끝에 제품 개발에 성공합니다. 입사 후 2년 만에 월급이 두 배로 오릅니다.

　　거래처에 관심을 갖고 대화를 하다 보니 거래처의 니즈를 알게 되었습니다. 그 니즈를 충족해 주는 제품을 만들기 위해 독립해 회사를 차립니다. 6년 만에 매출 500억 원을 달성합니다. 얼마 후 대기업에서 인수를 제시해 와 회사를 600억 원에 매각하고 100억 원을 손에 쥡니다. 두 번째 회사를 창업해 결국 2조 원에 다시 매각합니다. 천문학적인 돈을 번 그는 거부들이 사는 비벌리힐스에 3,300㎡(1,000평) 되는 집을 250억 원에 샀습니다. 수영장, 테니스코트는 물론 욕실이 11개나 있습니다. 손님을 초대해 파티를 즐기기 시작합니다. 대학교에 많은 돈을 기부하고 상류층 사교계에 참여합니다. 자택에서 조수미와 같은 세계적인 음악가들을 초청해 후원 공연을 합니다.

돈으로 경험할 수 있는 모든 화려함을 경험하며 시간을 보냈지만 그의 마음은 점점 공허해졌습니다. 하루하루가 지루했습니다. 많은 사람이 옆에 있었지만 외로웠습니다. 그는 그때서야 비로소 깨달았습니다. 직원들과 함께 납품 기일을 맞추기 위해 밤새 함께 제품을 포장하며 땀을 닦았던 순간들, 밤새 일한 직원들을 격려하기 위해 음식을 시켜 먹으며 웃고 떠들던 시간들, 바로 그 순간들이 자신이 진정 살아있었던 기간이었음을. 삶의 의미는 풍요와 화려한 교제에 있는 것이 아니라 한 가지 목표를 위해 다 같이 한 팀이 되어 열정을 불사르며 서로를 격려하고 배려하며 사랑하는 과정에 있는 것임을 자각했습니다.

그는 미국에서의 모든 생활을 정리하고 2007년 한국에 영구 귀국합니다. 고국에 돌아온 그는 각박한 교육 현실에 지쳐 있는 청소년들과 후학들을 위해 교육 사업과 장학 사업을 하며 나눔의 현장에서 다시 치열하게 땀을 흘리고 사람들과 부대끼며 자신의 사랑을 피부로 전하고 있습니다. 그는 '아시아의 빌 게이츠'로 불리며 꿈·희망·미래

리더의 사랑은 팔로워나 구성원을 위한 것이 아니라 리더 자신을 위한 것입니다. 구성원들을 진심으로 사랑하고 함께 노력해 성과를 이루었을 때, 삶에서 그 과정이 의미 있는 시간으로 남게 됩니다.

리더십센터를 운영하는 스티브 김입니다.

　리더의 사랑은 팔로워나 구성원을 위한 것이 아닙니다. 리더의 사랑은 리더 자신을 위한 것입니다. 구성원들을 진심으로 사랑해서 그들을 이끌고 함께 노력해 성과를 이루었을 때, 그 과정이 리더의 삶에서 의미 있는 시간으로 남게 됩니다. 사랑의 마음은 조금도 없이 압박에 의해서 해야 하니까, 아니면 내 야망을 위해서 목표를 달성해야 하니까 쫓기는 마음으로 메마른 상태에서 구성원들을 닦달해 이룬 성과들은 리더 자신에게 공허함을 안겨 줄 뿐입니다. 허무함만 남을 뿐입니다. 그런 기간에 함께 있었던 그 누구와 다시 만나 그때를 추억하며 서로 반가운 웃음을 주고받을 수 있겠습니까? 성과만 있고 사람이 남지 않은 기간은 안타깝지만 리더에게는 살았어도 살아있지 못한 시간이 되어 버립니다. 사람은 사랑할 때 남습니다. 사랑이 내 행동에 의미와 생명력을 부여하기 때문입니다.

사랑은 비단 리더십에만 머무르지 않습니다. 지금은 브랜드도 러브마크가 되어야 살아남는 시대가 되었습니다. 광고를 통해 많은 글로벌 히트 상품을 탄생시킨 세계적인 광고회사 사치앤사치의 케빈 로버츠 회장은 《러브마크 이펙트 : 소비자의 꿈을 실현하다》에서 소비자의 열정적인 사랑을 받지 못하는 브랜드는 더는 미래가 없다고 했습니다. 그는 브랜드의 미래는 바로 '러브마크'라고 말합니다. 캘리포니아에서 열린 제12회 자동차 광고 전략 회의에서 거친 남성 청중에게 "자동차를 판매할 때 당신이 어떤 차를 파는지 말하는 대신, 어떤 차가 당신을 감동시키는지 설명하십시오."라고 전했습니다. 자동차를 파는 사람 스스로가 자신이 파는 아름다운 제품에 대한 깊은 유대의 감정, 즉 사랑을 느껴야 그 느낌이 고객에게도 전달된다는 것입니다.

영국의 신경학자 도널드 칸은 "감성과 이성의 근본적 차이는, 이성은 결론을 낳지만 감성은 행동을 낳는다는 점이다."라고 했습니다.

케빈 회장은 이러한 감성의 힘에 근거해 러브마크의 세 가지 구성 요소를 찾아냈습니다. 신비감, 감각, 친밀감이 그것입니다.

　신비감은 스토리와 은유, 꿈, 상징 모두를 이끌며 과거, 현재, 미래가 하나 되는 지점에 있는 것으로 관계를 오래도록 지속할 수 있게 합니다. 깜짝 파티나 뜻밖의 선물, 은밀한 표현 등이 해당됩니다.
　감각은 새로운 감촉과 좋은 향기, 맛, 멋진 음악, 매혹적인 이미지 등으로 사람을 깨우고, 들뜨게 하며, 도취시키는 것을 말합니다.
　친밀감은 공감, 헌신, 열정을 불러일으키는 것으로 소비자로 하여금 그 브랜드를 자신의 것으로 느끼게 만드는 긴밀한 연대감입니다.

　브랜드가 소비자의 진정한 사랑을 받기 위해서는 신비감, 감각, 친밀감을 구현하는 러브마크가 되어야 한다는 것입니다. 브랜드의 관점에서 리더를 다른 말로 전환하면 '휴먼 브랜드'라고 할 수 있습니다. 소비자가 외면하는 브랜드는 당연히 존재할 수 없듯이 구성원이 거부하는 휴먼 브랜드, 리더 또한 존재할 수 없습니다. 휴먼 브랜드로서 리더 역시 구성원의 사랑을 받기 위한 조건을 갖추어야 합니다.

　제가 깨달은 휴먼 브랜드, 리더의 사랑이 갖추어야 할 세 가지 구성 요소는 오래 참음과 온유함, 자기의 이익을 구하지 않는 태도입니다.

리더의 사랑은 먼저 오래 참을 수 있어야 합니다. 리더가 만나는 구성원 한 사람 한 사람은 저마다 자라 온 삶의 배경이 다양하고 성격이 판이하게 다릅니다. 그런 구성원들과의 관계에서 그들을 사랑하고 격려하고 이끌기 위해서는 끊임없이 인내해야 합니다. 리더가 되는 순간부터 구성원들과 지내는 동안 예상치 못한 다양한 문제와 장애물들이 나타날 것임을 알고 리더로서 오래 참겠다는 결심을 하고 있어야 합니다.

휴먼 브랜드로서 리더의 사랑은 온유해야 합니다. 구성원 대부분이 사실 온전한 사랑을 받지 못하고 자란 사람들이라고 보면 됩니다. 누구나 마음속에 자신만의 결핍과 아픔을 간직하고 있습니다. 그들을 따뜻하게 안아 줄 수 있어야 합니다. 물론 온유함이 나약함이나 잘못에 대한 우유부단한 태도를 말하는 것은 아닙니다. 업무에 대해서는 정확하고 바르게 처리할 수 있도록 지도해 주어야 합니다. 그러면서 그들의 마음을 알아주고 인정해 주고 부드럽게 격려해 줄 수 있어야 합니다.

리더의 사랑에서 가장 숭고한 측면은 바로 자기의 이익을 구하지 않는 태도입니다. 백성을 진심으로 아끼고 사랑한 이순신 장군은 아무런 직급이나 권한도 없이 백의종군함으로써 리더 사랑의 지고지순한 가치를 몸소 보여 주었습니다. 리더는 구성원들의 꿈과 미래, 공동체의 가치와 비전을 위해 먼저 헌신할 때 가장 아름답습니다. 리더가 취하는 최고의 이익은 자신에게 돌아오는 돈이나 명예, 권력이 아니라 자신의 헌신으로 행복해하는 구성원과 비전을 이루어 가는 공동체의 발전입니다. 리더의 인생이 모두 끝나고 마무리되는 시점에서 리더에게 남는 것은 돈, 명예, 권력 따위의 무가치한 것들이 아니라 자신이 사랑으로 돌본 사람들의 얼굴과 아름다운 가치를 이루어 가는 공동체에 대한 자긍심과 뿌듯함입니다.

아무리 많은 돈을 벌었어도, 아무리 많은 사람에게 추앙을 받더라도, 전 세계를 지배하는 권력을 가졌다고 하더라도 결국 사랑이 없으면 아무것도 아닙니다.

CHAPTER
03

힐링된 최강의 팀으로
혁신을 선도한다
'팀 힐링'

팀장의 역할은 팀원이 할 수 있는 작은 실행을 통해 작은 성공을 경험하게 하고
그 경험을 격하게 칭찬해 주어 자신감을 갖게 한 다음,
조금 더 큰 시도를 하게 하여 새로운 성공을 반복 체험할 수 있도록 하는 것입니다.
패배가 일상화된 사람이나 팀은 윽박지른다고 달라지지 않습니다.

팀의 가장 큰 고질병,
팀장에 대한 불신을 고치는 법

"네가 팀에 필요해서 내가 발탁했고 또 여기에 데려온 것이니까 잘하든 못하든 내가 책임질 테니 뒷일은 걱정하지 말고 네가 하고 싶은 대로 해라."

이 한마디를 들은 이정협 선수는 2015 호주 아시안컵에서 2골 1도움으로 대한민국의 준우승을 견인하며, 한동안 축구 국가대표팀을 외면했던 국민의 마음에 기분 좋은 기대감을 심어 주었습니다. 이정협 선수에게 이 결정적인 한마디로 용기를 준 사람은 바로 독일 명장 슈틸리케 감독입니다.

슈틸리케 감독은 한국 국가대표팀을 맡은 이후 철저하게 자신이 책임을 지는 행보를 보였습니다. 사실 국가대표팀을 구성하면서 이미 이름이 알려진 선수들이나 기술위원회가 추천한 선수들로 팀을 채우면 감독은 경기 결과에 대해 한 발짝 물러선 위치에 설 수 있습니다. 결과가 좋지 않으면 언론과 팬들은 당연히 잘할 것으로 믿었던 스타 선수들에게 책임을 더 묻기 때문이지요. 하지만 그는 그런 쉬운 길을 택하지 않았습니다. 프로 리그뿐만 아니라 대학 리그까지 쫓아다니며 새로운 선수를 발굴하기 위해 발품을 팔았습니다. 이렇게 발굴한 선수들의 경기 결과는 전적으로 감독이 책임을 져야 합니다. 결과적으로 그의 이러한 책임감 넘치는 태도는 우즈베키스탄과 치른 평가전에서 이재성이라는 탄탄한 선수를 발견하는 성과를 거두게 됩니다. 이재성 선수는 A매치 첫 경기였던 평가전에서 전혀 위축되지 않고 정확한 패스와 안정적인 볼 키핑, 지능적인 공격으로 제2의 이청용이 될 수 있다는 평가를 받아 국가대표팀에 희망을 주었습니다.

팀원과 팀의 성과에 모든 책임을 기꺼이 떠안는 팀장, 그 팀장은 팀원들의 진심 어린 신뢰와 존경을 받습니다. 그런 팀장과 함께 있는 팀원들은 자신의 모든 역량을 쏟아부어 팀장과 자신의 자존감을 지키려고 혼신의 노력을 다합니다.

조직과 공동체의 성장을 저해하는 가장 위험한 팀은 팀장이 팀원들로부터 불신을 받는 팀입니다. 팀장이 없는 곳에서 팀원들이 팀장을

믿을 수 없다는 대화를 나누고, 팀장은 그런 팀원들의 분위기를 알면서도 어찌하지 못하는 팀이 바로 그런 팀입니다. 많은 조직이 이런 팀을 두고 있으면서도 손쓰지 못하는 경우가 많습니다. 허약하고 불신을 받는 팀장이 이끄는 팀을 치유해서 강력한 팀워크를 가진 팀으로 거듭나게 할 수 있는 방안을 찾아야만 합니다.

　팀장에 대한 불신을 없애기 위해서는 팀장의 상위 리더의 조치와 팀장 자신의 노력, 팀원들의 행동 개선이 모두 필요합니다.
　먼저, 불신을 받는 팀장의 상위 리더는 어떤 조치를 취해야 할까요? 얼마 전 군부대 강연을 마치고 연대장과 환담을 나눌 기회가 있었습니다. 현장에서의 리더십 행동에 관심이 많은 저는 연대장에게 지휘관으로서 예하 참모들을 이끄는 자신만의 노하우가 있는지 질문했습니다. 연대장 예하에는 인사, 작전, 정보, 군수 등 분야별로 팀장 역할을 하는 참모들이 있습니다. 그 연대장은 회의 석상에서는 핵심적인 사항만 체크하고 구체적인 업무는 일대일로 각 팀장들과 따로 만나서 지시한다고 했습니다.

예를 들어 인사팀장 격인 인사과장을 만나면 그와의 일대일 미팅에서 애로사항이 뭔지를 가장 먼저 파악하고, 평소 인사과장의 업무 스타일과 수준을 관찰해 어떻게 도와야 할지 방향을 정한답니다. 그리고 시간을 따로 내서 인사과장의 업무와 관련된 상급 부대 업무 담당자, 즉 사단의 인사참모와 인접 부대의 인사 업무 담당자들까지 모두 초청해서 연대장이 식사 대접을 합니다. 그 자리에서 연대장은 업무 유관자들이 서로 인사를 나누게 하고 업무상 협조를 잘할 수 있도록 부탁하며 격려해 줍니다. 사단의 인사참모는 연대 인사과장보다는 계급이 높지만 연대장보다는 계급이 낮습니다. 그의 입장에서는 연대장이 나서서 이렇게 인사책임자들을 챙겨 주면 자신도 고마워해야 할 일이므로 해당 인사과장을 도와주어야겠다는 마음이 들 수밖에 없을 것입니다.

인사팀장인 인사과장은 이런 배려의 자리를 경험하고 나면 자신의 업무에 최선을 다할 수밖에 없을 것입니다. 상급 부대와 인접 부대의 업무 관련자들도 그를 적극적으로 도와줄 터이니 자연스럽게 업무 성과도 높을 것이며 자신감을 갖게 될 것입니다. 당연히 팀원들도 팀장을 신뢰하고 존경심을 갖게 되겠지요.

팀원들로부터 불신을 받고 있는 팀장의 상위 리더는 팀장에게 일방적으로 모든 책임을 돌리면서 책망하고 성과만 요구하지 않도록 주의해야 합니다. 이미 불신을 받고 있다는 것을 알고 있는 팀장은 안 그래도 의기소침해 있기 때문입니다. 대신 팀장이 의욕을 가지고 업무를 추진할 수 있는 여건과 환경을 조성해 줄 수 있는 방안을 찾아야 합니다. 능력이 부족하다면 구체적으로 어떤 능력이 부족한지 규명해 교육이나 코칭을 받게 도와줄 수도 있습니다. 다른 부서나 외부 인사들과 협력을 잘하지 못한다면 관련 인사들을 초청해 화합의 장을 만들어 주는 것도 좋습니다. 이러한 상위 리더의 관심과 배려는 팀장에게 말로 표현할 수 없는 강력한 동기부여가 될 것입니다.

그다음에는 무엇보다 불신을 받고 있는 팀장 자신의 노력이 절대적으로 필요합니다. 팀원들의 신뢰를 얻지 못하는 팀장이 가장 핵심적으로 노력해야 할 점은 바로 책임을 지는 태도를 보여 주는 것입니다. 팀에서 일어나는 모든 일, 즉 그 일이 팀원들이 진행하던 일이든 자신이 담당하던 일이든 모든 책임을 자신이 져야 합니다. 책임을 진다는

팀장이 팀원들의 신뢰를 얻기 위해 노력해야 할 점은 책임을 지는 태도를 보여 주는 것입니다. 팀원들이 진행하던 일이든 자신이 담당하던 일이든 모든 책임을 자신이 져야 합니다.

것은 이런 것입니다. 팀원들이 실무를 하다가 성과가 안 좋은 일이 발생했을 때, 그 일이 팀원의 무능력으로 벌어진 것이 아니라 자신이 일의 전체를 제대로 보지 못했고 팀원들이 업무를 제대로 수행할 수 있는 여건을 조성하지 못했으며, 진행 과정에서 핵심 성공 요인을 관리하지 못했기 때문이라는 사실을 진심으로 인정하고 반성하는 것입니다. 팀원들 앞에서 그러한 점을 솔직하게 인정하고 사과하며 상위 리더에게도 팀원이 혼나지 않도록 자신이 모든 상황을 보고하고 질책받는 자리에 서야 합니다. 팀장이 이런 모습을 보인다면 팀원들은 팀장을 믿고 존경하며 따르게 될 것입니다.

마지막으로, 팀장을 불신하고 있는 팀원들의 행동도 바뀌어야 합니다.

"통신보안! 송수용 중위 소대 하사 김충성입니다."

1990년대 초반 수도방위사령부 제33경비단에서 소대장으로 근무 시 소대원들이 전화를 받을 때 했던 인사말입니다. 당시 모든 소대는 지휘자인 소대장의 이름을 붙여서 불렀습니다. 자연스럽게 소대장은 자신의 이름을 걸고 소대의 모든 책임을 졌으며, 소대원들도 자신의 행동이 곧 소대장의 명예와 가치에 영향을 미친다는 것을 인식했습니다.

당시 인접 중대의 소대장 중에 체력과 전투 지식 면에서 다소 부족한 소대장이 있었습니다. 소대원들도 소대장의 역량이 다소 부족하다는 것을 알고 있었습니다. 그런데 놀랍게도 그 소대원들은 소대장의 역량이 다소 부족하더라도 소대장은 자신들의 지휘자이며, 전투가 발생하면 그와 함께 목숨을 걸고 싸워야 한다는 사실을 잘 인식하고 있었습니다. 소대원들은 소대별 전투력 측정이나 체육대회가 있으면 자발적으로 훈련에 적극 참여해 늘 좋은 성과를 냈습니다. 소대장이 교관경연대회에 나가면 소대장이 생각하지 못한 교보재까지 개발해 만들어 주면서 소대장이 좋은 성적을 거두도록 도왔습니다. 소대장은 그런 소대원들에게 늘 고마워하면서 한편으로는 미안해 자신도 무슨 임무든 최선을 다했습니다. 그런 소대장과 소대원들의 모습을 보면서 참 아름답다는 생각을 했습니다.

팀원들은 자신의 팀장이 비록 부족한 점이 있더라도 결국 팀장과 자신은 한 배에 탄 운명 공동체라는 움직일 수 없는 사실을 인식하는 것이 좋습니다. 상급자라고 해서 팀장이 모든 걸 다 해야 한다는 고정관념을 가질 필요는 없습니다. 팀장에게 부족한 점을 팀원들의 노력으로 보완하며 팀의 성과를 높이면 팀장에게만 혜택이 돌아가는 것이 아니라 전 팀원의 역량이 향상되는 것은 물론 미래의 새로운 기회들을 포착할 수 있게 되기 때문입니다.

팀의 동맥경화
'소통 결핍' 극복하기

동맥의 탄력이 떨어지고 동맥에 혈전이 생기는 등 여러 이유로 동맥이 좁아져 혈액 공급이 원활히 이루어지지 않는 병이 동맥경화입니다. 동맥경화가 뇌혈관에 나타나면 뇌졸중, 심장과 관계되면 심근경색이나 협심증 등 생명을 위협하는 치명적인 질병으로 이어집니다.

팀에서는 팀원들 사이에 서로 마음이 통하지 않고 각자 알고 있는 의미 있는 정보들이 공유되지 않으면, 즉 '소통 결핍'에 걸리면 팀은 기능을 제대로 발휘하지 못하고 치명적인 공멸의 위기에 처하게 됩니다. 팀에서 소통이란 우리 몸에서 피가 도는 것과 같습니다. 소통이 원활하게 이루어지지 않으면 몸의 각 지체인 팀원들은 산소를 공급받지 못해

서서히 생명력을 잃고 조직에서 있으나 마나 한 존재가 되고 맙니다.

　중견 통신 회사인 K사 영업1팀은 문제가 많은 팀으로 알려져 있었습니다. 팀원 개개인의 개성이 너무 강해 고집이 세고 소통이 제대로 되지 않아 실적도 늘 최하위권을 맴돌았습니다. 회사는 영업1팀에 변화를 주기 위해 새로운 팀장을 보냈습니다. 새로 부임한 팀장은 먼저 팀원들과 개별적으로 대화를 나누기 시작했습니다. 장소는 사무실이 아니라 회사 근처의 카페를 이용했습니다. 팀장은 기분 좋은 음악이 흐르고 여러 사람의 활기찬 기운이 느껴지는 카페에서 편안하게 이야기할 수 있는 분위기를 만들기 위해 노력했습니다. 우선 그는 팀원에게 자신에 대한 개인적인 얘기를 솔직하게 들려주었습니다. 자신이 어떤 가정환경에서 자랐고 이 회사에는 어떻게 입사했으며 회사 생활은 어떤 과정을 거쳤는지 이야기했습니다. 그리고 영업1팀의 팀장으로서 어떤 마음으로 왔는지도 가감 없이 있는 그대로 말했습니다.

"솔직히 영업1팀 팀장으로 발령받은 후에 부담이 상당히 컸습니다. 사실 회사에서 모두 영업1팀을 좋지 않은 시선으로 바라보고 있었고 나도 과연 내가 그곳에 가서 잘 해낼 수 있을까 의구심이 들었기 때문입니다. 하지만 지금은 이렇게 우리 영업1팀에 합류한 이상 내가 할 수 있는 최선을 다해 보려고 합니다. 나는 먼저 우리 팀이 서로를 믿고 아껴 주며 서로에게 도움이 되는 팀이 되었으면 합니다. 우리 팀원들이 이 팀에서 실력을 키우고 인정받아 회사의 핵심 인재로 자리매김하도록 돕는 것이 나의 목표입니다. 그러기 위해 가장 중요한 것은 먼저 우리끼리 진실하게 소통할 수 있어야 한다고 생각합니다. 내가 먼저 모든 걸 솔직하게 이야기할 테니 김 대리도 도와주면 좋겠어요."

팀장은 이렇게 말하고 팀원과 주로 개인적인 이야기들을 나누었습니다. 그렇게 모든 팀원과 분위기 좋은 카페에서 사적인 이야기들을 나누고 나니 팀 내 공기는 한결 부드러워졌습니다. 팀장은 이러한 분위기가 사무실 내에서도 이루어질 수 있도록 사무실 한쪽에 편안한 소파와 예쁜 티 테이블, 그리고 카페에 있을 법한 귀여운 소품들을 비치해 휴식 공간을 마련했습니다. 괜찮은 원두커피 머신도 들여놓으니 제법 근사한 작은 카페 느낌이 났습니다. 팀원들은 초반에는 다소 어색해했으나 점차 그곳에서 업무 외적인 사소한 이야기들을 나누기 시작했고 그러다 보니 자연스럽게 자신의 속내를 털어놓고 어려움들에 대해서도 의견을 주고받는 모습이 나타났습니다.

팀장은 한 달쯤 지나 2박 3일 팀 워크숍을 기획했습니다. 워크숍에서 '내가 만약 팀장이라면?'이라는 주제로 팀원들이 토론하도록 했습니다. 이를 위해 팀장은 먼저 각 팀원에게 오전 3시간 동안 혼자 생각할 시간을 주었습니다. 3시간 동안 다른 사람과 대화하거나 다른 일은 하지 않고, 오직 내가 팀장이라면 팀을 어떻게 이끌고 팀에 어떤 변화를 줄 것인지 깊이 숙고해 자신의 생각을 정리하도록 했습니다. 오후에는 팀장이 없는 상태에서 팀원들끼리 각자 생각한 것을 발표하고 토론하게 했습니다. 팀원들은 자신이 생각하는 팀의 현 상태에 대해서 솔직하게 이야기했고 더욱 우수한 팀이 되기 위해서는 무엇을 어떻게 해야 할지 방안을 제시했습니다.

팀장은 팀원들의 토론 결과를 의견 제안자가 누구인지 모르게 정리하게 한 다음 그 결과에 등장한 사안들에 대해 팀 전체가 모여서 하나씩 검토했습니다. 그리고 바로 현장에서 각 사안들을 즉시 실행할 것, 분기 내 실행할 것, 재검토할 것으로 구분한 후 구체적으로 진행 계획을 세우고 담당자를 선정했습니다. 이 모든 과정에서 팀장은 철저하게 팀원들의 의견을 존중했습니다. 다만 의견이 회사의 전체 방향과 일치하지 않을 때만 팀장의 의견을 제시하면서 조금씩 수정했습니다. 이 과정에서 팀장은 어떤 의견에도 실망하거나 불편한 마음을 갖지 않도록 스스로 각별하게 신경 쓰면서 팀원들에게 긍정적인 피드백이 전해지도록 주의를 기울였습니다.

워크숍을 마친 후 영업1팀이 소통하는 모습은 몰라보게 달라졌습니다. 팀장은 팀원들이 형식적인 보고서 작성에 시간을 들이지 않도록 간단한 메모나 짧은 면대면 대화를 통해 간결하게 의사 결정을 했습니다. 팀원들은 업무 진행 중에 의문점이 있으면 언제든 팀장과 상의했으며 중간중간 진행 경과를 공유하며 방향을 잡아 나갔습니다. 회의 시간에는 모든 팀원이 허심탄회하게 자신의 의견을 말했고 아무리 엉뚱한 의견이더라도 시큰둥한 반응을 보이지 않았으며 의견을 제시한 자체를 좋게 보고 격려하는 분위기가 되었습니다. 그해 말에 영업1팀은 지난해 대비 최고의 실적 증가율을 보이며 사내에서 화제가 되었습니다.

소통의 핵심은 내가 대접받고 싶은 대로 남을 대접하는 것입니다. 리더로서 다른 사람들이 나에게 대해 주었으면 하는 방식대로 리더도 팀원들을 대하면 됩니다. 리더가 만나는 구성원들은 그 자리에 오기까지 저마다 많은 인생의 사연들을 겪었을 것입니다. 그 사연들은 다양한 모습으로 구성원들의 성

소통의 핵심은 내가 대접받고 싶은 대로 남을 대접하는 것입니다. 리더로서 다른 사람들이 나에게 대해 주었으면 하는 방식대로 리더도 팀원들을 대하면 됩니다.

격과 사고방식에 영향을 주게 됩니다. 리더는 그런 구성원들이 가진 개인적인 삶의 여정에 관심을 가져야 합니다. 어떤 아픔들이 그들을 힘들게 했고, 어떤 보람들이 그들에게 자부심을 주었는지 이해해야 합니다. 그리고 그들의 인생이 성공적으로 행복해지기를 진심으로 바라고 도와야 합니다.

전 세계 수십억의 사람 중에 이렇게 한 직장에서 만나 서로 시간을 같이 보내게 된 사람이라면 보통 인연이 아닙니다. 그들과 보낸 시간이 바로 내 인생의 내용이 됩니다. 이렇게 소중한 사람들을 리더가 사랑하고 아끼며 격려할 때 팀 내 소통은 자연스럽게 이루어지고 팀원들도 리더를 사랑하고 존경하며 서로에게도 최선을 다할 것입니다.

제가 아는 한 팀장은 팀원들과의 소통 능력을 향상하기 위해 온라인으로 상담사 자격을 취득했습니다. 그는 자격증을 취득하기 위해 공부하면서 팀원들과 라포르(rapport, 신뢰관계)를 형성하는 방법, 팀원들과 대화하면서 마음의 소리까지 듣는 공감적 경청을 하는 법, 팀원들의 심리적인 문제뿐만 아니라 업무상의 어려움까지 서로 상의하며 해결책을 함께 찾아 나가는 법을 배울 수 있었습니다. 공부하면서 배운 방법들을 직접 현장에서 적용하며 실질적으로 큰 도움이 되었다고 했습니다.

리더는 신이 아닙니다. 모든 것을 완벽하게 할 수는 없습니다. 하지만 끊임없이 배울 수는 있습니다. 리더로서, 팀장으로서 지금 팀을 이끌어 가며 부족한 점이 있다는 생각이 들면 힘들어하며 하소연만 할 것이 아니라 무엇을 어디서 배우면 될까를 찾아야 합니다. 부족한 점을 발견했다는 것은 내가 더욱 성장할 포인트를 찾은 것입니다. 구성원들은 완벽한 리더를 기대하는 것이 아니라 진솔하고 함께 배워 가는 리더를 기대합니다. 리더가 배우려고 노력하는 모습은 구성원들에게 인간적인 신뢰감을 주기 때문입니다. 팀의 동맥경화 '소통 결핍'은 팀장이 겸손하게 배우고 적용할 때 깨끗이 치유될 수 있습니다.

콩가루 팀을 만드는 '이기주의' 깨부수기

　사자 100마리 팀과 사자 1마리에 양 99마리 팀이 싸우면 사자 1마리에 양 99마리 팀이 이긴다는 이야기가 있습니다. 개별 전투력으로 따지면 당연히 사자 100마리가 비교도 안 될 정도로 높지만 그들이 한 팀을 이루어 싸우는 것은 또 다른 문제입니다. 사자 100마리는 저마다 자기가 팀장이 되려고 다툴 것이 뻔합니다. 전략에 대한 생각도 각자 경험해 온 내용에 따라 제각각일 것입니다. 결국 사자 100마리는 차라리 1마리가 싸우는 것보다 못한 극심한 혼란 상황을 초래할 것입니다.

　2008년 8월 23일 베이징 올림픽 야구경기장에서 대한민국과 세계 아마추어 야구 최강팀 쿠바의 결승전이 열렸습니다. 한국이 3:2로 앞

선 가운데 원아웃에 주자 만루 상황에서 쿠바의 공격. 안타 한 방이면 바로 역전되어 금메달은 쿠바에 돌아가는 순간. 모든 국민이 숨을 죽이고 TV 화면을 보고 있는 가운데 류현진 선수 대신 등판한 투수 정대현이 힘차게 공을 던집니다. 딱 소리를 내며 쿠바 선수가 배트에 공을 맞춘 순간 유격수 앞으로 공이 날아갔습니다. 유격수는 신속하게 2루수에게 공을 던져 아웃시키고 2루수는 재빨리 1루로 공을 던져 타자주자까지 아웃. 이런 세상에! 올림픽 야구에서 9전 전승으로 대한민국이 금메달을 따는 순간이었습니다.

사실 한국이 올림픽 야구에서 금메달을 따리라고는 아무도 예상하지 못했습니다. 2004년 아테네 올림픽에서 대한민국 야구팀은 본선 진출에도 실패했습니다. 미국의 메이저리그에는 세계 최고의 야구 선수들이 즐비합니다. 일본의 정밀한 야구 수준도 결코 넘기가 쉽지 않습니다. 쿠바는 프로팀을 넘어서는 세계 최고의 아마추어 야구팀으로 이미 명성이 자자합니다. 아마도 선수들의 개별적인 능력을 따진다면 대한민국은 그리 좋은 성적을 거둘 가능성이 없었을 것입니다. 이런 강한 팀들과 겨룬 경쟁에서 금메달을 딸 수 있었던 건 당시 대표팀을 이끌었던 김경문 감독의 선수 선발이 큰 영향을 미쳤다고 합니다. 그는 기량이 우수한 선수를 중심으로 선발하는 방식을 버리고 평소 희생정신이 강하고 팀에 헌신하는 선수들을 선발했습니다. 주변에서는 김 감독의 선수 선발 방식을 비난하는 사람들도 있었지만 선수들은 이러한 감독의 마음을 알아차리고 자신의 인기와 욕심이 아니라 팀을 위해 온전히 집중하고 헌신하여 아무도 기대하지 않았던 꿈의 성과를 이루어 냈습니다.

　　자신의 승진, 연봉, 인기를 위해서 모든 일을 자신을 중심으로 생각하고 행동하는 이기주의는 결국 자신이 원하는 최종 모습을 이루지 못하게 하는 경우가 많습니다. 그럼에도 불구하고 우리는 주변에서 이기적인 모습으로 살아가는 사람들을 흔히 볼 수 있습니다. 한 자녀 가정이 많아지고, 공동체보다는 자신의 안위를 우선 챙기는 사회 분위기가 만연하면서 자신도 모르게 그렇게 행동하는 경우가 많기 때문이지요. 취업을 하고 기업에 들어와 팀의 일원이 되었을 때, 이때가 바로 공동체 일원으로서의 자기 존재에 대해 배우고 배려와 헌신이라는 가치에 대해 자각하는 기회가 됩니다.

새뮤얼 피어폰트 랭글리Samuel Pierpont Langley는 하버드 대학을 졸업했습니다. 그는 20세기 초에 미국 육군성에서 5만 달러를 지원받아 하늘을 나는 비행기 개발에 착수합니다. 그는 최고의 학력과 인맥을 통해 많은 저명인사와 교류하며 충분한 자금을 바탕으로 최고의 임금을 지급하며 당시 최고 수준의 인재들을 모아 프로젝트를 진행했습니다. 〈뉴욕타임스〉를 비롯한 유수의 언론이 그의 행보에 관심을 보이며 전국에 보도를 했습니다.

1903년 12월 17일, 마침내 세계 최초로 유인 동력 비행기가 하늘을 날았습니다. 그러나 그 주인공은 랭글리가 아닌 라이트 형제였습니다. 형제는 고등학교밖에 나오지 못했습니다. 비행기를 개발할 자금이 없어 자전거 점포를 운영하며 벌어들인 수익금으로 겨우겨우 연구를 진행했습니다. 그들과 함께 연구에 참여한 팀원들도 제대로 대학을 나온 사람들이 없었습니다. 그들에겐 자금도, 장비도, 학벌도, 인재도 부족했습니다. 하지만 그들은 오로지 비행기 개발에 모든 것을 걸었습니다. 하늘을 나는 비행기를 만들 수만 있다면 세상이 더욱 발전할 것이라는 순수한 믿음과 열정으로 서로를 격려하며 반복되는 실패에도 웃

으면서 연구에 헌신했습니다. 결국 이 부족한 라이트 형제 팀이 모든 조건을 갖춘 랭글리 팀보다 빨리 비행기 개발에 성공했습니다. 이 소식을 들은 랭글리는 바로 비행기 연구를 중단하고 맙니다. 그의 목적은 세계 최초로 비행기를 개발해 자신의 이름을 알리고 부와 명예를 한 번에 얻는 것이었기에 계속 연구를 진행하는 것은 그에게 의미가 없었기 때문입니다.

이 스토리는 2009년 9월 이후 2,000만 건이 넘는 조회 수를 기록한 사이먼 사이넥Simon Sinek의 TED 강연에서 들은 이야기입니다. 팀원들의 이기주의를 방지하는 가장 첫 번째 방법은 바로 팀장 자신이 이기주의를 버리고 팀에 헌신하는 것입니다. 랭글리의 팀은 객관적으로 모든 조건을 갖추고도 비행기 개발을 제대로 해내지 못했습니다. 그의 팀원들은 우수한 학력과 지능을 가지고 있었지만 팀장이 대외적으로 화려하게 홍보를 하고 자신의 뛰어남을 과시하며 돈으로 사람들을 움직이는 장면을 보았을 것입니다. 팀원들은 자신의 부와 명예를 위해 모든 수단을 능수능란하게 활용하는 팀장의 모습에서 희생과 헌신의 가치를 느낄 수 없었을 것입니다.

팀장이 먼저 자신을 챙기려는 이기심을 내려놓고 팀과 팀원들을 먼저 생각하는 자세를 보여 주어야 합니다. 팀의 미션에 자신이 가장 몰입해야 하며 팀원들이 팀 활동을 통해 각자 성장해 갈 수 있는 길을 강구하며 팀원들과 진심으로 대화를 나누어야 합니다. 팀원들은 팀장의 말을 듣고 팀장을 믿는 것이 아닙니다. 팀원들은 팀장의 행동을 봅니다. 팀원들은 팀장의 속내를 정확하게 꿰뚫고 있습니다. 팀원들을 활용해 자신의 업적을 챙겨 다음 단계로 나아가려는 속물적 의도는 팀장 자신이 아무리 감추려고 해도 감추어지지 않습니다. 팀의 미션과 팀원들을 먼저 챙기고 정성을 다해 돌볼 때 성과는 자연스럽게 따라오게 됩니다.

《부스터!》의 저자 김종수 대표는 팀원들의 이기주의를 조장하는 매우 중대한 요인이 평가와 보상 시스템에 있다고 했습니다. 개개인에게 동기부여를 한답시고 섣부른 성과급이나 인센티브 제도를 운영하면 개인과 부서 간에 이해가 충돌하고 내부 경쟁이 과도해져 조직 전체의 목적 달성에 치명적인 문제가 발생하게 됩니다.

김종수 저자가 대표로 재직했던 회사에서 생산본부는 생산성을 기준으로, 영업본부는 영업 실적에 따라 인사고과와 인센티브 보상을 받는 제도를 운영하고 있었습니다. 이렇다 보니 영업 부서가 고객의 니즈에 맞춰 생산이 좀 어려운 제품을 주문하면 생산 부서는 어떻게든 다른 핑계를 대며 생산을 해 주지 않는 현상이 발생했습니다. 생산 부서 입장에서는 소품종으로 대량생산을 하는 것이 자신들의 평가 기준인 생산성 향상에 유리했기 때문입니다. 이런 부작용을 발견한 김 대표는 즉시 평가 기준을 변경했습니다. 모든 부서의 기준을 회사 전체의 성과를

팀 내에서 성과급을 나누거나 평가를 할 때도 그 기준을 팀원들이 모여서 스스로 정하도록 하는 것이 좋습니다. 팀원들이 참여하여 자신의 의견을 반영하면 결과에도 기꺼이 따르게 됩니다.

기준으로 통일한 것입니다. 그러자 생산 부서도 고객이 요구하는 제품, 시장에서 잘 팔리는 제품의 생산에 주력하기 시작했습니다.

팀 내에서 성과급을 나누거나 평가를 할 때도 그 기준을 팀원들이 모여서 스스로 정하도록 하는 것이 좋습니다. 어떤 일이든 기준을 정할 때부터 팀원들이 참여하여 자신의 의견을 반영하면 스스로 책임감을 가지게 되며 결과에도 기꺼이 따르게 됩니다. 이러한 참여와 공정성이 팀원들의 이기주의를 내려놓게 하는 데 영향을 줍니다.

IT 벤처기업에서 일하는 손 팀장은 팀장 자리에 오르기까지 많은 고생을 했습니다. 상사와 갈등이 심해 힘든 기간을 보내기도 했고 같이 일하는 동료들과 업무 영역 문제로 마찰을 겪기도 했습니다. 손 팀장은 뼈저린 아픔이 있었기에 팀장이 되기 전부터 자신이 만약 팀장이 된다면 어떻게 팀을 운영할 것인가에 대해 많은 생각을 했습니다. 그가 생각하는 팀은 팀원 모두가 서로 배려하고 챙겨 주는 행복한 팀이었습니다.

그는 'Happy Surprise'라는 프로그램을 팀원들과 함께 상의해 시행했습니다. 'Happy Surprise'는 일주일에 한 번씩 팀이나 팀원을 위해 뭔가 좋은 일을 하는 것입니다. 예를 들어 누구는 조금 먼저 출근해 회의실을 정돈해 놓을 수도 있고 또 누군가는 팀원이 힘들어하는 프로젝트를 도와줄 수도 있습니다. 어느 광고에 나오는 것처럼 나른한 오후에 갑자기 커피 한 잔을 타 줄 수도 있고요. 매월 마지막 주 금요일 점심 시간에는 팀원이 모두 모여 함께 식사를 하면서 자신이 받았던 Happy Surprise 사례와 자신이 했던 일들을 서로 나누었습니다. 팀원들은 서로 이야기를 나눈 후 그 자리에서 한 달간 가장 행복한 선물을 한 '해피 킹(퀸)'을 투표로 뽑습니다. 그럼 손 팀장은 직접 자비로 준비한 선물을 '해피 킹(퀸)'에게 증정하며 축하하고 감사의 마음을 전했습니다.

손 팀장은 이러한 이벤트가 부담이 되거나 형식적이 되지 않도록 많은 주의를 기울였습니다. 뭔가 일부러 큰일을 벌이는 것이 아니라 작지만 세심한 배려를 통해 팀원들 간에 정이 싹트도록 분위기를 조성했으며 행복 사례를 발견할 때마다 진심으로 인정해 주었습니다. 그중 좋은 사례들은 회사 인트라넷에 올려 전 직원과 공유해 팀원들이 자부심을 가질 수 있도록 신경을 썼습니다. 팀원들은 처음에는 다소 어색해했으나 시간이 지나면서 생활 속에서 자연스럽게 다른 팀원들의 일과 마음을 살피면서 도와줄 일이 없나 찾게 되었습니다. 팀원들의 얼굴에는 늘 미소가 끊이지 않았으며 팀의 성과도 회사에서 인정을 받을 만큼 탁월했습니다.

패배가 습관화된 약골 팀의
'골 결정력' 키우기

사내에서 항상 꼴찌를 도맡아 하는 팀이 있었습니다. 그 팀에 있는 사람들은 팀을 떠나고 싶어 했고 팀이 아닌 사람들은 어떻게든 그 팀에 가려고 하지 않았습니다. 당연히 그 팀에서는 진급도 잘 되지 않았으며 팀원들의 사기와 의욕은 최악이었습니다. 팀의 사무실에는 나른함과 무력감이 무겁게 흘렀고 분위기는 침울했습니다.

어느 날 새로운 팀장이 부임해 왔습니다. 팀장은 팀 회의를 소집했습니다. 팀장이 말합니다.

"팀이 어떻게 하면 발전할 수 있을지 여러분의 의견을 듣고 싶습니다."

팀원들은 이러한 회의에 익숙해 있었습니다. 그냥 아무 말 하지 않고 눈치 보면서 버티다 보면 팀장이 제풀에 지쳐 몇 마디 질책성 멘트를 던지고 마무리되곤 했던 것이지요. 아무도 의견을 말하지 않는 침묵 속에 3시간이나 흘렀습니다. 아침 9시에 시작된 회의가 12시가 되어도 끝나지 않았습니다. 갑자기 팀장이 외쳤습니다.

"밥 먹고 합시다."

회의는 오후 1시부터 다시 시작되었습니다. 팀장은 입을 꾹 다문 채 초연한 태도로 계속 기다릴 뿐이었습니다. 팀원들 중에 다소 마음이 약한 직원들이 이따금 아이디어를 냈습니다. 띄엄띄엄 한두 마디 나오다가 끊기고 다시 장시간의 침묵이 이어졌습니다. 오후 6시가 되었습니다. 팀장이 말했습니다.

"밥 먹고 합시다."

팀장이 먼저 자리에서 일어서 나가자 팀원들은 동요하기 시작했습니다. 그러고는 서로 이야기했습니다. 이러다가 정말 밤샐 것 같으니 무조건 하나씩 아이디어를 말하기로 했습니다. 저녁 7시에 다시 시작된 회의는 역사상 가장 치열하고 생산적인 회의가 되었습니다. 팀의 성과를 올릴 수 있는 구체적인 아이디어가 많이 나왔습니다. 팀은 연말에 지금까지 없었던 최고의 성과를 달성했습니다.

"팀이 오랫동안 나쁜 성과로 패배주의에 사로잡혀 있었어요. 더 안 좋았던 것은 팀원들이 자신감을 잃고 팀장의 지시만 수동적으로 따르고 있었다는 겁니다. 내가 가장 먼저 해야 할 일은 팀원들의 이러한 태도에 변화를 주는 것이었습니다. 그 방법은 내가 말을 하지 않는 것입니다. 내가 말을 하지 않으면 팀원들이 말을 하거든요. 사실 나는 할 말도 없었어요. 팀의 문제를 가장 많이 알고 있는 사람들은 내가 아닌 팀원들이잖아요?" 나중에 팀장이 한 말입니다.

이 이야기는 DID 토요 저자 특강에서 강의를 해 주셨던 조직개발 전문가 박태현 저자의 《팀으로 일하라》에 나오는 일화입니다. 패배의식이 가득 찬 사람은 우선 스스로 움직이려고 하지 않습니다. 그들에게 스스로 행동할 수 있는 계기를 만들어 주는 것이 팀장이 해야 할 중요한 역할입니다.

자동차 영업을 하는 김민권 씨는 몇 개월째 판매 목표를 달성하지 못해 풀이 죽어 있었습니다. 민권 씨는 성격이 워낙 내성적인 데다가 영업 초반에 잘 도와줄 것으로 믿었던 친한 지인들로부터 거절을 경험한 후 충격에서 벗어나지 못해 영업 사원으로서 더는 성장하지 못하고 있는 상태였습니다.

팀장은 민권 씨를 개인적으로 불러 담소를 나누었습니다.

패배의식이 가득 찬 사람은 스스로 움직이려고 하지 않습니다. 그들에게 스스로 행동할 수 있는 계기를 만들어 주는 것이 팀장이 해야 할 중요한 역할입니다.

"민권 씨, 몇 개월째 원하는 대로 일이 잘 안 되니까 많이 힘들죠? 나도 영업 처음 시작할 때 아는 사람들한테 더 상처받고 많이 힘들어 했던 적이 있어요. 그래도 그 기간을 잘 넘기고 나니까 나만의 노하우가 생기더군요. 이제 나하고 같이 이 슬럼프를 넘길 수 있는 방법을 하나씩 찾아봅시다."

"감사합니다. 팀장님! 사실 저도 어떻게든 잘해 보고 싶은데 잘 되지 않아 답답합니다."

"그래요, 민권 씨. 우리가 지인에게 상처를 받았으니 모르는 사람을 찾아가 보는 게 좋을 거 같아요. 이 근처에 사람들이 많이 있는 건물은 어떤 곳이 있던가요?"

"네, 멀지 않은 곳에 전자제품 상가가 있습니다."

"그렇군요. 그런 전자제품 상가에서 일하는 사람들은 어떤 고민들을 가지고 있을까요? 그분들은 일하면서, 살아가면서 어떤 정보들이 필요할까요?"

"글쎄요…. 그분들도 돈을 모아야 하니 재테크 정보가 필요할 거 같기도 하고요, 영업을 하시니 세일즈나 마케팅 정보도 도움이 될 수 있겠네요. 그리고 장사하다 보면 스트레스가 많을 테니 한 번씩 웃을 수 있는 유머도 좋을 거 같아요."

"아! 좋은 아이디어예요. 그럼 일단 지금 이야기한 주제로 해서 A4지 2장 분량으로 '김민권의 돈 되는 행복 소식통' 정도로 타이틀을 달고 내용을 작성해서 나한테 가져와 보세요."

민권 씨는 성격은 내성적이었지만 차분하게 글을 정리하는 것을 좋아했으므로 3일 정도 집중해서 소식통을 작성해 팀장에게 보여 주었습니다. 소식통에는 민권 씨가 처음 말했던 주제들 외에 인근 지역에서 점심때 가 볼 만한 맛 집에 관한 소식과 같은 제법 유용한 정보들이 포함되었습니다. 팀장은 민권 씨에게 소식통 10장을 카피하게 하고 민권 씨와 함께 전자제품 상가로 갔습니다. 팀장은 자신이 먼저 소식통을 들고 제일 먼저 보이는 상점에 들어갔습니다. 그리고 환하게 웃으면서 상점 직원에게 눈을 마주치고 "안녕하세요! 돈 되는 행복 소식통 배달 왔습니다. 돈 많이 버십시오!"라고 외친 후 소식통을 직원에게 건네주고 나왔습니다.

　　팀장은 자신이 먼저 세 군데 상점을 대상으로 시범을 보여 주었습니다. 상점 직원들은 환하게 웃으면서 사람이 들어와 돈 되는 소식통이라고 하면서 자료를 주고 가니 별 거부감 없이 소식통을 받아 들었습니다. 팀장은 네 번째 상점부터 민권 씨에게 해 보라고 했습니다. 민권 씨는 다소 쑥스러웠지만 팀장이 세 번이나 시범을 보인 터라 미안하기도 했고 팀장이 하는 것을 보니 크게 어려워 보이지 않아 팀장이 한 대로 따라 하며 네 번째 상점에 소식통을 전하고 나왔습니다.

　　이튿날부터 민권 씨는 혼자서 전자상가에 갔습니다. 일주일 동안은 하루에 10장을 돌렸습니다. 그다음 주에는 20장을 돌렸습니다. 한 상점에 머무는 시간이 2분 정도였으므로 크게 어려운 일이 아니었습니다. 소식통 정보도 인터넷 자료와 주변의 전문가 지인들에게 정보를 받아 매일 업데이트하다 보니 자신에게도 공부가 되고 재미가 있었습니다. 몇 주가 지나지 않아 하루에 100장을 돌리게 되었습니다. 꾸준히 하다 보니 소식통을 받아 본 사람들 중에 소식통에 있는 내용 중 추가로 궁금한 내용을 질문하는 사람도 있었습니다. 민권 씨는 자연스럽게 상점 직원들이나 사장들과 친해졌고 여러 주제에 대해 대화를 나누는

사이가 되었습니다. 소식통에는 당연히 차량을 잘 관리하는 법, 중고차 사는 법, 새로운 차종에 관한 정보 등도 업데이트가 되었지요. 김민권 씨는 개인 차량 판매뿐 아니라 법인 계약도 가장 많이 하는 '판매왕'이 되었습니다.

'골 결정력'은 골을 넣었을 때의 쾌감과 성취감, 승리의 기쁨을 느껴 봐야 키워 갈 수 있습니다. '골 결정력' 이 부족할 때는 먼저 가까운 거리에서 슛을 하는 연습을 하는 것이 좋습니다. 먼저 골을 못 넣을 수 없는 거리, 3미터 앞에서 골문을 향해 슛을 하게 합니다. 3미터 앞에서 자기 마음껏 강하게 슛을 때려 공이 골대 중앙을 지나 골 그물이 출렁이는 모습을 볼 수 있도록 해 주어야 합니다. 가까운 데서 넣었더라도 그렇게 넣을 수 있다는 사실을 격려해 주면서 칭찬하고 인정해 주어야 합니다.

팀장의 역할은 팀원이 할 수 있는 작은 실행을 통해 작은 성공을 경험하게 하고 그 경험을 격하게 칭찬해 주어 자신감을 갖게 한 다음, 조금 더 큰 시도를 하게 하여 새로운 성공을 반복 체험할 수 있도록 하는 것입니다. 패배가 일상화된 사람이나 팀은 윽박지른다고 달라지지 않습니다. 패배의식이 가득해 의욕과 자존감이 바닥에 떨어진 사람에게는 따듯하게 그의 마음을 공감해 주면서 그가 할 수 있는 작은 행동들을 스스로 생각할 수 있도록 질문하고 격려하는 것이 좋습니다. 가장 좋은 것은 팀장이 직접 시범을 보이는 것입니다. 팀장의 그런 노력과 배려는 낙심해 있는 팀원들의 자존감을 깨우고 실행을 결심하게 하는 동기가 됩니다.

현재에 안주해 미래가 안 보이는 팀의 '창의 본능' 깨우기

현재 잘하고 있는 팀이라도 현실에 만족해 안주하고 있다면 그리 멀지 않은 미래에 추락하게 될 것입니다. 리더는 항상 미래를 볼 수 있어야 합니다. 이대로 가면 1년 후, 3년 후에는 어떤 상황이 닥치게 될까를 늘 염두에 두고 있어야 합니다. 미래를 대비하는 가장 좋은 방법은 매일 일상 속에서 조금씩이라도 변화되고 발전할 수 있도록 팀의 체질을 형성하는 것입니다. 어떤 큰일이 닥쳐서야 비로소 위기의식을 강조하며 허겁지겁 문제를 해결하기 위해 동분서주하는 것은 아무 소용이 없습니다.

보험 영업을 하는 법인 대리점의 영업지원팀에 늘 깨어 있기를 추구하는 팀장이 있었습니다. 팀장은 아버지가 일찍 돌아가셔서 어려서부터 어머니 혼자 집안 살림을 꾸려 나가는 모습을 보며 '왜 나는 이런 집에 태어난 걸까? 집도 크고 돈도 많은 집에 태어났으면 이런 고생 안 하고 행복하게 살았을 텐데.' 라는 생각을 하며 자랐습니다. 팀장의 10대는 그야말로 질풍노도의 시기였습니다. 공부와 담을 쌓고 나쁜 친구들과 어울리며 싸움을 하고 술, 담배를 하며 보냈습니다.

그러던 그가 군대 가서 인생의 전환점을 맞게 됩니다. 우연히 TV를 보다가 귀가 들리지 않는데도 한국어 외에 영어, 일본어, 스페인어까지 4개 국어를 하는 김수림 씨의 이야기를 듣게 되었습니다. 팀장은 아버지 없이 술집을 하는 엄마와 함께 살면서도 당당하게 자신의 인생을 멋지게 만들어 간 그녀의 모습을 보면서 큰 충격을 받았습니다. 팀장은 그때부터 틈만 나면 책을 읽기 시작했습니다. 성공한 사람들에 관한 책, 꿈을 이루는 법에 대한 책, 사람들의 심리를 다룬 책 등 다양한 분야의 책들을 읽고 작은 노트에 자기 생각을 꼬박꼬박 정리해 두었습니다.

팀장은 많은 책을 읽으며 상황 자체가 운명을 결정하는 것이 아니라 상황을 바라보는 그 사람의 해석이 운명을 결정하는 것임을 깨달았습니다. 인생의 모든 기회나 행운이 사람을 통해 오는 것임을 알게 되었습니다. 결국 사람의 마음을 움직이는 것이 일의 핵심임을 간파했습

팀원 간 서로 존중하는 호칭을 사용하는 것은 매우 중요합니다. 상대를 존중하는 호칭은 부를 때마다 행동이나 의견에 긍정적인 영향을 미치고 행복해지기 때문입니다.

니다. 제대 후에 팀장은 영업 관련 일을 찾다가 보험영업 법인 대리점에 입사했습니다. 영업에서 우수한 실적을 거둔 후 영업지원 총괄 팀장이 되었습니다.

팀장은 자신의 팀이 서로 격의 없이 편안하고 자유롭게 의견을 표현하는 수평적인 팀이 되기를 바랐습니다. 이를 위해 팀장은 팀원들 간의 호칭을 "박사님"이라고 부르기로 했습니다. 팀원들은 다소 쑥스러워했지만 팀장은 웃으면서 취지를 설명해 주었습니다.

"우리가 진짜 박사는 아니지만 서로 박사님이라고 부르면 일단 웃을 수 있고 서로를 존중할 수 있습니다. 그리고 박사라는 호칭을 서로 불러 주다 보면 왠지 진짜 많이 알아야 할 것 같고 더 연구해야겠다는 마음이 들게 될 거예요. 저는 우리 팀이 지원 부서라고 해서 주인공이 아닌 엑스트라 마인드를 갖지 않기를 바랍니다. 사실 축구 국가대표팀이 좋은 성적을 거두기 위해서는 보이지 않는 곳에 있는 지원팀의 역할이 절대적입니다. 우리는 지원 분야의 주인공으로서 맡은 업무에서 박사가 되어 우리 스스로 즐겁고 행복한 팀이 되었으면 좋겠습니다."

'박사님'이라는 호칭은 의외로 큰 역할을 했습니다. 팀원들 간에 서로를 부를 때마다 웃음이 먼저 나왔고 신입 사원이나 팀장 할 것 없이 모두 박사님이라고 부르다 보니 정말로 박사처럼 행동하고 의견도 박사답게 자유롭게 피력하는 분위기가 되었습니다. 미팅 때마다 웃음이 넘쳤고 신선한 아이디어가 많이 나왔습니다.

팀장이 다음으로 추진한 일은 자신을 포함해 영업지원팀 직원들이 영업 컨설턴트들과 정기적으로 대화를 나누도록 하는 것이었습니다. 사실 영업지원팀에 주어진 업무는 영업 파트에서 필요한 비품이나 교재 등을 준비해 주고 행정적인 업무를 처리해 주는 것이었습니다. 그러나 팀장은 수동적이고 기계적인 업무 처리는 팀원 개개인이나 회사 전체에도 도움이 되지 않는다고 생각했습니다.

팀장은 영업지원팀의 고객은 영업팀의 현장 컨설턴트들이라고 생각했습니다. 팀장은 고객의 니즈를 정확히 이해하고 싶었습니다. 영업팀장과 한 달에 두 번 정기적으로 만나 영업팀의 어려움이나 도움이 필요한 사항들을 들었습니다. 컨설턴트들과도 개인적으로 차를 마시거나 함께 식사를 하며 담소를 나누었습니다. 이런 과정을 통해 영업팀에 필요한 실질적인 사항들을 파악해 그들을 도울 수 있었습니다.

그중 가장 보람 있었던 일이 있었습니다. 팀장이 영업 컨설턴트들을 만나서 대화를 나누다 보니 그들의 마음에는 한 가지 깊은 트라우마가 있었습니다. 그것은 자신이 쓸모가 없어지면 버려지는 소모품이라는 인식이었습니다. 컨설턴트들은 자신의 신분이 불안정하며 회사가 필요할 때는 잘해 주지만 실적이 떨어지거나 뭔가 안 될 것 같다는 생각이 들면 언제든지 내칠 거라는 생각을 가지고 있었습니다. 팀장은 마음이 짠하고 안타까웠습니다. 저런 마음으로 하루하루 살아간다면 얼마나 불행한 일인가, 필요에 따라 언제든 버려질 수 있다는 생각을 한다면 얼마나 자존감이 떨어지고 슬픈 일인가.

팀장은 대표이사에게 솔직하게 이 사실을 보고했습니다. 그리고 회사가 정말 앞으로 오랫동안 지속 가능한 성장을 하려면 컨설턴트들에게 진정한 자존감과 자부심을 불어넣어 줄 수 있는 조치가 필요하다고 건의했습니다. 회사가 컨설턴트들을 진심으로 존중하고 한 식구로 생각한다는 것을 느낄 수 있는 가시적인 조치들이 필요했습니다.

팀장의 건의를 수용한 대표이사는 컨설턴트 급여일이 되면 자필로 컨설턴트들의 노고에 감사하는 편지를 써서 전달했습니다. 대표이사가 컨설턴트들의 노력으로 매출이 발생하고 회사의 지속 가능한 발전에 토대가 되고 있음을 이야기하며 진심으로 감사하는 내용의 편지를 자필로 작성하면 그것을 컨설턴트들의 수만큼 복사해서 봉투에 넣었습니다. 그리고 봉투에는 대표이사가 받는 사람의 이름을 일일이 자필로 썼습니다.

사정이 생겨서 퇴사를 하게 되는 컨설턴트는 대표이사가 꼭 개별 면담을 했습니다. 면담을 통해 개인적인 사정을 듣고 도와줄 수 있는 일은 없는지 물었으며 회사 차원에서 지원할 수 있는 일은 도움을 주었습니다. 부득이하게 회사를 떠나야 하면 그동안의 수고에 진심으로 감사를 표했고 예쁜 봉투에 전별금을 담아 전달했습니다. 그전에는 퇴사하는 직원을 마치 산업스파이 대하듯이 했습니다. 회사를 떠나는 사람은 서운해하며 회사에 대한 배신감을 안고 나가는 게 대부분이었습니다.

급여일에 대표이사가 감사의 편지를 전달하고 퇴사하는 사람과 살가운 대화의 시간을 갖는 일은 작은 변화였지만 컨설턴트들에게 큰 위로가 되었습니다. 컨설턴트들은 자신의 영업에 훨씬 더 몰입할 수 있

게 되었고 대표이사도 그런 과정을 통해 컨설턴트들과 진심을 교류하며 큰 보람을 느꼈습니다.

영업지원 팀장뿐 아니라 팀원들도 개별적으로 컨설턴트들과 만남의 시간을 가지면서 그들에게 필요한 부분들을 구체적으로 알게 되었고 무엇보다 다른 팀원들과도 서로 친해지며 회사 분위기 전체가 밝아지고 생동감 넘치는 변화가 생겼습니다. 팀원들은 그들에게 실질적인 도움을 주는 일을 하게 되고 그들이 또 고마워하자 더욱 신나게 일할 수 있게 되었습니다.

사람의 '창의 본능'은 마음과 마음이 통할 때 깨어납니다. 첫사랑을 만나면 가슴이 뛰고 상대를 기쁘게 하기 위해서 이전에는 전혀 생각하지 못했던 일도 하게 되는 것처럼 직장에서도 서로 마음이 통하게 되면 기쁜 마음으로 상대를 도울 수 있는 아이디어를 떠올리게 됩니다. 우선 팀 내에서 팀원들 간에 딱딱한 위계질서를 벗어 버리고 서로 존중하며 마음이 통할 수 있는 분위기를 만들어 그 느낌과 효과를 경험해 보아야 합니다.

그리고 팀의 고객들이 있는 곳으로 찾아가야 합니다. 그들과 눈을 마주 보고 대화하며 그들이 있는 현장의 상황을 관찰하고 느낄 때 우리 안에 숨어 있던 '창의 본능'은 용처럼 꿈틀대며 세상으로 나오게 됩니다. 팀의 '창의 본능'을 깨우면 일이 행복해지고 회사가 즐거워집니다. 인생이 기쁨으로 충만해집니다.

팀이 최강이라는 증거는
바로 '웃음'이다

2015년 4월 26일 버락 오바마 미국 대통령이 101번째 맞는 백악관 출입기자단 만찬에서 연설을 했습니다.

"세상은 급변하지만 백악관 출입기자단 만찬과 같은 전통은 중요합니다."

그런데 오바마 대통령 뒤에는 대통령과 비슷한 차림의 남성이 서 있었습니다. 그는 오바마 대통령의 말이 끝나자 이렇게 외쳤습니다.

"이런 만찬은 도대체 뭐야? 내가 왜 참석해야 하는지 모르겠군!"

만찬장에 있던 좌중은 폭소를 터뜨렸습니다.

1914년부터 시작된 이 연례 만찬은 대통령이 자신이 준비한 유머

를 선보이는 것이 전통이라고 합니다.(참고 : 〈조선일보〉 2015년 4월 27일 자 A23면)

    오바마 대통령은 자신이 연설을 하면 뒤에 서 있던 코미디언으로 하여금 자신의 본심을 외치게 하는 연기를 하게 했던 것입니다. 미국의 여러 대권 주자들에 대한 재미있는 풍자들이 나와 모두가 한바탕 웃을 수 있는 시간이 되었답니다.

    팀에 웃음이 넘친다는 것은 팀의 자신감을 보여 줍니다. 팀이 건강하다는 사실을 말해 줍니다. 팀장과 팀원, 팀원과 팀원이 서로 얼굴만 마주쳐도 절로 웃음이 피어나는 팀은 어떠한 위기도 이길 수 있습니다. 웃음이 흐르는 곳에는 창의적인 아이디어가 샘솟듯 흘러나옵니다. 웃음은 그 자체로 치유의 힘을 가지고 있습니다.

"제가 팀장 되고 제일 많이 들었던 말이 '너네는 뭐가 그렇게 재미있길래 웃음소리가 엘리베이터까지 들리느냐?'였어요. 이사님이 '웃음소리가 왜 이렇게 커?' 하시면 잠깐 긴장해 있다가 가시고 나면 또 막 웃고 그랬어요."

교육 회사에서 온라인 마케팅 팀장을 지낸 정다운 팀장에게서 들은 말입니다. 정 팀장은 팀에 웃음이 넘치는 데는 자리 배치가 중요한 역할을 한 것 같다고 했습니다. 팀원들이 모두 등을 돌리고 앉아 있다가 의자만 돌리면 한군데로 모아지는 배치였습니다. 그래서 회의실에 가지 않고도 순간순간 함께 웃을 수 있었습니다.

"저는 팀원들과 함께 먹을 걸 많이 먹었어요. 팀장으로 근무할 때 제 월급의 몇 프로는 팀원들을 위해 쓴다는 기준이 있었지요. 예를 들어 월초에는 일이 몰리기 때문에 특히 바빠요. 그때 힘들어하는 친구들이 있거든요. 막 울기도 하고요. 그럴 때 아침에 토스트 하나를 사다가 책상 위에 놓으면 그걸 너무 고마워하고 나중에 얘기를 많이 하더라고요. 그리고 떡볶이, 순대 아니면 계란빵, 빙수 이런 걸 되게 많이 사다가 먹었어요. 하나씩 자기 자리에서 먹는 게 아니라 다 같이 모여서 먹는 거죠. 그냥 의자만 돌려서 서로를 보면서요."

정 팀장이 이렇게 먹거리를 나누다 보니 어느 날부터 자신의 책상에도 고구마, 커피, 도넛 등 먹을 것들이 올라오기 시작했다고 합니다. 팀장이 아픈 날은 죽을 쑤어서 올려놓는 팀원들도 있었고요. 팀원들이 그렇게 하면 자신도 너무 큰 감동을 받아 더 잘하게 된다는 것입니다.

"일주일에 한 번씩 각 팀에서는 주간계획표 미팅을 하는 시간이 있어요. 근데 우리 팀은 이 시간에 각자의 비전을 이야기했어요. 다른 팀에서는 보통 해야 할 업무 목록을 공유하고 그 업무에 대해 미팅을 하는데 우리는 이번 주 일을 하면서 내가 뭘 배울 것인지를 나누는 거예요. 예를 들어 '이번 주에는 일이 많으니까 커뮤니케이션할 때 메모하는 습관을 기르겠다. 그걸 통해서 실수를 줄이겠다.' 또 어떤 친구는 '이번 주에는 날카로운 사람들을 많이 만나야 하니까 한 템포 쉬어가면서 여유를 가지고 일해야겠다.' 이런 얘기들을 하는 거죠. 그러니까 자기를 얘기할 수 있는 거에요. 보통은 일 얘기만 하거든요. 그런데 자기 이야기를 하게 되면 그 일의 주인이 나라는 생각을 가지게 되는 거죠."

정 팀장은 팀을 운영하면서 팀원들이 일을 통해 자신의 꿈을 이루어 갈 수 있도록 도왔습니다. 회사의 일과 자신의 꿈을 별개로 여기는 것이 아니라 회사 업무를 통해 자신의 역량을 향상하면서 꿈에 가까이 다가가는 과정을 통합할 수 있도록 자연스럽게 분위기를 만들어 준 것입니다. 자신이 지금 하는 일이 자신의 꿈과 연결되어 있다는 사실을 인식하는 사람의 얼굴에는 웃음과 여유가 나타나기 마련입니다.

"또 가끔 티타임을 가지면서 칭찬 릴레이를 했어요. 그게 되게 손발이 오그라들기는 한데…. 한번은 가을에 낙엽을 말려서 뒤에다가 이름을 쓰고 낙엽을 들었을 때 이름이 나오는 사람을 다른 팀원들이 전부 칭찬하도록 했어요. 직장에서는 좋은 얘기 들을 기회가 거의 없잖아요. 못했다는 얘기를 주로 듣지요. '어머! 잘했어요, 진짜 대단하다, 너 정말 그때 고생 많았지.' 이런 얘기는 거의 못 듣잖아요. 안 해 주거든요. 빨리빨리 지나가기 때문에. 그런데 지난 한 주 동안 보면서 느꼈던 걸 그 사람한테 얘기해 주는 거예요. '야, 너 그때 고객이 진상 부려서 고생했지? 나 같으면 그렇게 못했을 텐데 너 정말 대단하다. 고객관리는 정말 네가 최고인 거 같아.' 이런 칭찬을 해 주면 당사자는 스스로 되게 뿌듯해하고 동기부여가 되는 거예요. 그리고 팀의 분위기가 엄청 좋아져요. 그래서 또 웃으면서 끝날 수밖에 없고요. 근데 되게 오그라들어요. 그래도 그걸 꾸준히 했어요. 어떤 때는 종이컵 바닥에 이름을 써서 뒤집기도 하고 어느 때는 초콜릿을 사서 하나씩 뽑게 하기도 했고요."

칭찬은 사람에게 자부심을 줍니다. 칭찬은 사람의 의욕을 불러일으킵니다. 칭찬은 서로를 귀하게 여기는 분위기를 창출합니다. 칭찬하

는 사람은 당연히 웃으면서 하게 됩니다. 칭찬 듣는 사람도 자연스럽게 얼굴에 웃음꽃이 피어납니다. 그러나 칭찬을 위한 인위적인 칭찬은 공허합니다. 듣는 사람은 오히려 힘이 빠집니다. 그 사람이 했던 구체적인 행동과 태도에 대해 진심으로 그 가치를 인정해 주는 칭찬이 진짜 칭찬입니다. 우리 대부분은 칭찬을 어색해합니다. 가정에서나 학교에서 그렇게 많이 경험하지 못했기 때문입니다. 우리를 칭찬해 주어야 할 부모님이나 선생님들도 칭찬을 많이 경험하지 못했기에 우리에게도 해 주지 못한 것입니다. 처음에는 어색하지만 정다운 팀장처럼 의식적으로 지속적인 시도와 노력을 하면 칭찬은 반드시 팀과 조직에 웃음이 넘치도록 만들어 줍니다.

 정다운 팀장은 이렇게 팀원들과 웃으면서 함께 먹고 서로 아낌없이 칭찬해 주며 허물없이 대화하는 가운데 항상 팀에 주어진 목표를 초과 달성했습니다. 물론 직장에서 늘 웃을 일만 생기는 것은 아닙니다. 업무와 사람들 사이에서 치이고 스트레스를 받다 보면 자신도 모르게 짜증이 나고 화가 납니다. 이것이 인지상정이기에 리더의 역할이 필요하고 중요합니다. 리더는 즉각 반응하는 사람이 아니라 상황에서 한 발짝 떨어져 관찰할 수 있는 사람입니다. 상황 속에서 움직이는 인물들의 마음을 살필 수 있는 사람입니다. 힐링 리더는 그들의 마음을 알아차리고 그들의 얼굴에 웃음이 피어날 수 있는 방법을 생각합니다. 팀원들의 얼굴에 웃음이 넘치는 것을 보며 리더로서 보람을 느끼며 가치 있는 인생에 자부심을 갖게 됩니다.

07 팀도 정기적인 건강검진이 필요하다

얼마 전 건강보험공단에서 건강검진을 하라는 안내문을 받고 전체적인 검진을 받아 보았습니다. 피를 뽑고 복부 초음파에 위와 대장 내시경까지 두루두루 살폈습니다. 2주일 후 검진 결과가 나올 때까지 기다리는데 학창 시절 기말고사를 치르고 점수를 기다리는 것처럼 가슴이 두근거렸습니다. 검진 결과지에는 다양한 파트의 측정 결과들이 점수와 양성·음성 판정으로 나타나 있었습니다.

질환별 건강 위험도 그래프에서는 혈압과 콜레스테롤에 대한 주의가 나타났습니다. 건강 위험요인에서는 목표 수준과 나의 현재 상태를 비교해 보여 주었습니다. LDL 콜레스테롤이 목표 130 미만에 139가

나타나 건강 신호등에서 경계 표시가 되었습니다. 계측검사, 혈액검사, 요검사, 영상, 문진 등 각 분야의 항목들이 정확하게 수치로 표현되어 있어 현재 나의 건강 수준을 한눈에 파악해 무엇을 조심하고 어떤 노력을 해야 할지 알 수 있어 큰 도움이 되었습니다.

팀은 유기체입니다. 사람이 모여 이룬 단체이기 때문입니다. 팀의 성격은 고정되어 있지 않으며 늘 변화무쌍합니다. 팀의 구성원 한 사람 한 사람의 상황이 늘 다르기에 팀의 건강 상태도 한결같지 않습니다. 그래서 아무리 우수한 팀이라고 자부하는 팀이라도 주기적으로 건강검진을 하는 것이 유익합니다. 실제로 진단을 해 보면 평소 괜찮다고 여겼던 부분에 문제가 생기지는 않았는지, 예상치 못한 분야에서 새로운 과제가 있지는 않은지 확실하게 짚어 볼 수 있습니다. 이러한 검진은 팀의 파워가 약해져서 문제가 생겼을 때 외부의 압박에 의해 하는 것보다는 팀 자체적으로 미리미리 해 두는 것이 훨씬 좋습니다. 스스로 하는 검진은 팀의 주도성을 표현하는 것이므로 팀원과 팀장 모두에게 긍지와 자부심을 갖게 합니다.

조직개발 전문가 박태현 저자는 저서 《팀으로 일하라》에서 '팀십 Teamship'이라는 개념을 소개했습니다. 팀십은 '팀을 구성하는 모든 구성원이 하나의 팀으로 일하는 마음과 기술'이라고 합니다. 팀십을 키우기 위해 구성원 개인 차원에서는 무엇을 하든 항상 팀을 먼저 생각하는 '팀 스피릿Team Spirit'을 가져야 합니다. 이는 자신의 말과 행동에 앞서 팀에 미칠 영향을 먼저 생각하는 것입니다. 팀십을 위해 팀 차원에서 할 일은 전체가 하나의 팀으로 기능할 수 있도록 만드는 '팀 기술'을 갖추는 것입니다.

저자는 팀에 갈등과 혼돈이 있는 것은 지극히 당연한 현상이라고 말합니다. 함께 일하는 사람들이 바뀌고 일이 바뀌고 상황도 항상 변하기 때문에 늘 새로운 조합이 발생하기 때문이라는 것이지요. 그래서 그는 팀을 '항상 갈등거리를 안고 사는 조직'이라고 보고, 팀에 갈등이나 혼돈이 발생할 때 그것을 문제로 여기지 말아야 하며 현명하게 해결하려고 노력해야 한다고 조언합니다. 그리고 그는 이러한 팀의 갈등과 혼돈을 해결할 방향을 찾기 위해 팀십을 진단해 보라고 추천했습니다.

① 우리 팀은 중요한 일을 수행하는가?
② 우리 팀은 의사 결정이 빠른가?
③ 우리 팀은 팀원들의 역량을 개발하기 위해 노력하는가?
④ 우리 팀은 질책/비판보다 칭찬/격려가 많은가?
⑤ 우리 팀은 아이디어를 고민할 수 있는 여유가 있는가?
⑥ 팀원들은 각자 주어진 역할을 잘 수행하는가?
⑦ 팀원들이 팀장의 의견에도 반박할 수 있는가?
⑧ 우리 팀에는 늘 배우는 팀원이 많은가?
⑨ 우리 팀의 회의 분위기는 밝은가?
⑩ 우리 팀은 항상 새로운 일이나 방법을 추구하는가?

박태현 저자가 팀십 진단을 위해 제시한 질문입니다. 이 질문들은 팀이 효과적으로 기능하고 있는지 판단하기 위해 관련 데이터 수집과 통계 분석 과정을 거쳐 개발한 것이라고 합니다.(팀십 진단지 참고 : 《팀으로 일하라》 23p, 박태현, 시그마북스, 2012)

팀장을 포함한 모든 팀원이 위 질문에 정말 솔직하게 점수를 매겨 보면 팀의 건강 상태에 대한 정확한 결과가 나올 수 있다고 생각합니다. 이 결과를 종합해 팀 전체가 1박 2일 정도의 워크숍을 가지고 서로

허심탄회하게 대화를 나눌 수 있다면 그 팀은 더욱 강한 팀이 될 것이라 확신합니다.

이때 주의할 점은 워크숍이 누구의 잘잘못을 가리는 책임 소재 파악이나 성토의 자리가 되어서는 안 된다는 것입니다. 만일 그런 분위기로 흘러간다면 팀십 진단을 안 하니만 못한 결과를 초래하고 말기 때문입니다. 워크숍은 치유와 통합, 새로운 비전을 이끌어 내는 자리가 되어야 합니다. 이를 위해서는 팀장의 행동이 중요합니다. 팀장은 먼저 팀십 진단 결과를 면밀히 분석하여 그 결과에 자신이 어떤 영향을 미쳤는가를 세심하게 챙겨 보는 것이 좋습니다. 사실 그 결과들은 모두 팀장이 직간접적으로 영향을 미친 사안들입니다. 어느 것 하나 팀장과 무관한 내용은 있을 수 없습니다.

팀장은 먼저 10개 항목의 결과를 좋은 점수가 나온 항목과 저조한 점수가 나온 항목을 분류합니다. 점수가 잘 나온 항목에 대해서는 어떤 요인들에 의해 훌륭한 결과가 나왔는지 팀원들과 함께 대화를 나눕니다. 그 과정에서 훌륭한 결과가 나오는 데 기여한 팀원이 있으면 구체적인 기여 포인트를 다 같이 공유합니다. 팀장은 그 팀원에게 진심으로 감사의 인사를 전하고 팀원들도 그에게 고마움과 축하의 마음을 표현하는 시간을 갖도록 합니다. 이를 통해 훌륭한 결과가 더욱 탁월한 수준으로 상승할 수 있도록 서로 격려하는 분위기를 형성할 수 있습니다.

주의해야 할 점은 점수가 저조하게 나온 항목에 대한 처리입니다. 점수가 안 좋게 나온 점에 대해 누가 잘못했는지를 세부적으로 따지기 시작하면 팀원들 간에는 긴장감과 함께 적대감이 돌게 됩니다. 이렇게 되면 팀십을 끌어올리기 위해 시작한 워크숍이 오히려 팀의 분위기를 가라앉게 만들고 맙니다. 팀장은 점수가 낮은 항목에 대해 우선 자신이 어떤 영향을 미쳤는지 사전에 꼼꼼하게 살펴보아야 합니다. 예를 들어 '우리 팀은 의사 결정이 빠른가?'라는 항목에서 낮은 점수가 나왔다면 팀장은 나의 어떤 점이 팀의 의사 결정 속도를 둔화시키는 데 영향을 주었을까를 깊이 고민해 보아야 합니다. 자신이 업무를 제대로 위임하지 않고 모든 사항을 일일이 결정하려고 하는 과정에서 그렇게 된 것인지, 아니면 팀원들에게 과도한 자료준비를 요구해서 그런 것인지 돌이켜 보는 것입니다.

이렇게 팀장이 먼저 자신의 잘못이나 미흡한 행동을 충분히 파악하고 나서 팀원들에게 사과하는 시간을 가집니다. 윗사람이 아랫사람에게 사과를 하면 권위가 실추되는 것이 아니냐는 생각을 하는 사람도 있는데 실상은 전혀 그렇지 않습니다. 리더의 진심 어린 사과는 구성원들에게 깊은 신뢰감을 줍니다. 오히려 사과해야 하는 순간에 제대로 사과하지 않고 얼버무리고 넘어가면 리더로서의 자질을 의심받는 결과가 생깁니다. 팀장이 팀원들에게 솔직하게 사과하고 나서 그 문제를 개선하기 위해서는 어떤 아이디어가 필요한지 토론하는 시간으로 넘

리더의 진심 어린 사과는 구성원들에게 깊은 신뢰감을 줍니다. 오히려 사과해야 하는 순간에 제대로 사과하지 않고 얼버무리고 넘어가면 리더로서의 자질을 의심받는 결과가 생깁니다.

어갑니다. 즉 팀장이 사과하고 나서 팀원들 중에는 누가 무엇을 잘못했는가를 따지는 것이 아니라 바로 문제를 해결할 방안을 찾는 순서로 넘어가는 것입니다. 이렇게 하면 그 문제와 관련되어 자신의 잘못을 알고 있는 팀원들은 안도감을 느끼는 동시에 팀장에게 감사와 존경의 마음을 갖게 됩니다. 당연히 문제 해결을 위한 아이디어도 더 적극적으로 내놓게 됩니다.

리더가 자신에게 엄격하고 타인에게 관대한 모습을 보이면 존경을 받습니다.

반대로 자신에겐 한없이 관대하고 구성원들에게는 엄격한 태도를 보이는 리더는 빈축을 삽니다. 사람에게 정기 건강검진이 필요한 것처럼 팀에도 주기적인 건강진단이 필수입니다. 이때 팀장이 팀원들에게 사과할 것을 찾아 마음을 다해 사과하고 칭찬할 것을 찾아 진심을 다해 팀원들을 칭찬해 주면 팀은 더욱 단단해지고 탁월한 팀으로 성장해 갈 것입니다.

자기 팀을 넘어 조직 전체의 혁신을 촉발한다

강에서 물을 길어 팔던 물장수 두 명이 있었습니다. 하루 최대한 열심히 하면 스무 통을 팔 수 있었습니다. 한 물장수는 매일 열심히 스무 통을 지어 나르며 팔았습니다. 다른 물장수는 열다섯 통만 팔고 나머지 시간에는 강에서 마을까지 수도 파이프를 연결하는 일을 했습니다. 거리가 상당히 멀었지만 매일 꾸준히 작업했습니다. 스무 통을 팔던 물장수가 매일 자신보다 돈을 적게 벌고 엉뚱한 짓을 하는 친구에게 왜 그리 미련한 짓을 하느냐며 성실하게 물을 길어다 팔라고 조언했습니다. 친구는 씩 웃으며 "충고는 고맙네만 내 비전이 있어 그러니 너무 걱정 말게나."라고 대답했습니다. 몇 년이 흘러 친구의 수도 파이프 공사가 끝났습니다. 그는 마을의 집집마다 수도꼭지를 설치하게 하

고 수도 요금을 받기 시작했습니다. 그의 수입은 매일 스무 통씩 팔던 친구와 비교가 되지 않을 정도로 많아졌습니다.

    퇴근길에 라디오에서 들은 이야기입니다. 이미 알고 있던 내용이었지만 새삼스럽게 마음에 다가왔습니다. 현재 하고 있는 일에만 매몰되어 미래를 준비하지 않으면 반드시 퇴출의 위기를 맞이하게 됩니다. 한때는 폭발적인 인기를 누렸던 제품과 기업들이 어느덧 역사 속으로 사라진 많은 사례가 그 사실을 대변해 줍니다. 팀이나 팀원도 마찬가지입니다. 지속적인 성장을 하지 않는 팀이나 팀원은 자신이 원하지 않는 시기에 원하지 않는 방식으로 떠나야 할 때가 오기 마련입니다.

팀장은 혁신적인 아이디어가 일상 속에서 꾸준히 나올 수 있는 시스템을 구축해야 합니다. 현대 경영학의 창시자로 불리는 피터 드러커 교수는 《실천하는 경영자》에서 혁신이란 고객을 위한 새로운 가치와 만족을 창조하는 것이라고 했습니다. 혁신적인 기업은 혁신을 위한 아이디어의 절반 이상이 처음에는 어떤 성과도 가져다주지 않는다는 것을 잘 알고 있다고 했습니다. 그래서 혁신적인 기업은 사업 예산과 혁신 예산을 분리해서 계획을 세웁니다. 사업 예산은 기존의 사업을 위한 예산이고, 혁신 예산은 그것과는 별도로 혁신 자체만을 위한 예산입니다.

팀장의 입장에서는 피터 드러커 교수가 제시했듯이 조직이 아예 혁신을 위한 별도의 예산과 활동을 할당해 주면 제일 좋겠지만 그런 조건을 갖춘 곳은 그리 많지 않은 것이 현실입니다. 그럼에도 불구하고 팀장은 자신이 할 수 있는 범위 내에서 혁신을 위한 조치를 취하지 않으면 안 됩니다. 변화와 성장을 멈춘 팀은 미래가 없기 때문입니다.

기계부품 제조업체의 개발팀을 이끌고 있는 신 팀장은 직장 생활 11년 차가 되면서 자신의 미래에 대해 많은 고민을 했습니다. 50대 후반이면 대부분 회사를 떠나는 상황이 찾아오기 때문입니다. 이제 대략 15년 정도 남은 직장 생활을 어떻게 보내는 것이 남은 인생을 위해 효과적일지 선배들의 사례를 알아보았습니다.

은퇴한 선배들은 크게 세 부류로 나눌 수 있었습니다. 첫째는 프랜차이즈의 가맹점을 하거나 작은 자영업을 하는 선배들입니다. 그분들의 생활은 만만치 않아 보였습니다. 둘째는 귀농을 하거나 고향으로 낙향하는 분들이었습니다. 마음은 편해 보였으나 그 과정도 그리 쉽지 않음을 금방 느낄 수 있었습니다. 셋째는 직장 다닐 때 자신이 했던 업무와 관련된 일을 창업하여 자기 사업을 하는 경우였습니다. 이분들은 회사에 다닐 때 쌓은 경험과 전문지식, 인맥들을 잘 활용하여 나름대로 자신만의 영역을 구축하고 당당하게 일하고 있었습니다.

신 팀장은 이러한 조사 결과를 토대로 팀원들과 한 달에 한 번 혁신 미팅을 갖기로 했습니다. 신 팀장은 팀원들을 모아 놓고 이야기했습니다.

"우리는 월급으로 생계를 유지하고 사는 직장인입니다. 그리고 직장 생활은 50대 후반이면 대부분 끝납니다. 제가 올해 직장 생활 11년 차를 맞이해서 여러 선배의 퇴직 후 생활을 조사해 보았습니다. 자영업을 하는 분도 계시고 귀농한 분도 계셨지만 가장 당당한 선배들은 직장 다닐 때 자신의 주특기를 살려 사업을 하는 분들이었습니다. 이 선배들의 공통점은 직장 다닐 때부터 늘 고객의 니즈 변화와 업계 동향, 사회 트렌드의 흐름에 관심을 가지고 제품, 서비스, 프로세스와 관련된 새로운 아이디어를 끊임없이 생각하고 제안했다는 것이었습니다. 이제 우리 팀도 당면 업무만 하는 것이 아니라 의도적으로 혁신 관련 업무를 하려고 합니다. 지금 하고 있는 일도 쉽지 않은데 추가로 다른 일까지 하자고 해서 대단히 미안합니다. 하지만 현재 업무에만 정신이 팔려 미래를 준비하지 않으면 우리는 모두 암울한 노년기를 맞이하게 될 것입니다."

신 팀장은 일단 일주일에 4시간은 기존 업무 외에 혁신 관련 활동을 하기로 했습니다. 팀원들에게는 각자의 특성을 고려하여 분야를 정해 주었습니다. 분야는 고객의 니즈 변화 파악, 동종 업계의 동향과 신기술 및 신제품 조사, 다른 업종에서의 기술 및 마케팅 분야 이슈 파악, 사회적인 큰 흐름의 변화와 글로벌 트렌드 파악, 끝으로 회사의 방향과 전략 및 다른 부서들의 특별한 혁신 활동을 알아보는 것이었습니다.

신 팀장은 팀원들이 각 분야의 현황과 새로운 정보를 파악할 때 되도록이면 사람들을 직접 만나 대화를 나누고 현장을 관찰하도록 격려했습니다. 고객의 니즈 변화를 파악하는 직원에게는 자사 제품을 쓰고 있는 고객을 직접 찾아가 제품을 사용하는 모습을 보고 이야기를 나누도록 했습니다. 동종업계 조사를 맡은 직원도 동종업계 사람들을 만나 친분을 형성하도록 했으며, 사회 트렌드 변화를 맡은 팀원에게는 트렌드 전문가의 세미나에 직접 참석하고 그 전문가와 개인적으로 만난 후 서로 신뢰 관계를 맺도록 했습니다. 회사의 방향과 전략, 다른 부서의 혁신 활동에 대한 파악은 신 팀장 자신이 직접 담당하기로 했습니다,

혁신 미팅은 매월 셋째 주 목요일 오후 2시부터 6시까지 진행했습니다. 미팅은 자유롭고 편안한 분위기에서 진행되도록 신경 썼습니다. 팀원들이 자신이 파악해 온 분야에 대해 발표할 때마다 아낌없는 박수와 함께 칭찬과 격려를 해 주었습니다. 한 분야의 발표가 끝나면 거기서 제시된 정보들이 현재 자사의 제품과 서비스, 업무 프로세스에 어떤 의미가 있는지 생각하고 분석하며 토론하는 시간을 가졌습니다.

'이 정보가 현재 우리 제품과 서비스에 시사하는 바는 무엇인가?'
'이 현상이 우리 고객들의 심리에는 어떤 영향을 미치고 있을까?'
'이 트렌드가 3년 후 우리 제품과 서비스에 어떤 결과를 초래할까?'

이런 종류의 질문을 서로에게 던지며 토론하는 미팅은 정말 흥미롭고 유익했습니다. 처음에는 귀찮아하고 힘들어하던 직원들도 점차 자신의 인맥이 늘어나고 고객과 시장에 대한 통찰력이 생기는 것을 느끼면서 열정적으로 참여하기 시작했습니다.

신 팀장은 혁신 미팅에서 나온 결과를 잘 정리하여 사내 인트라넷에 올리고 공유했습니다. 다른 팀들은 개발팀의 혁신 미팅 보고서를 보고 그 신선함과 노력에 크게 놀라며 자극을 받았습니다. 개발팀에서는 시간이 지날수록 차세대 제품과 서비스에 대한 다양한 제안이 쏟아져 나왔습니다. 회사는 개발팀의 제안들을 검토하여 신제품과 서비스 사양에 반영했습니다. 개발팀의 팀원들은 사내에서뿐만 아니라 사외에서도 다양한 정보와 인맥으로 역량이 점점 성장하였으며 각자의 미

래에 대해서도 자신 있게 로드맵을 그릴 수 있게 되었습니다. 이러한 모습을 본 다른 팀들도 개발팀의 혁신 미팅을 벤치마킹하기 시작했습니다. 이렇게 되자 회사 전체에 자연스럽게 혁신을 추구하는 문화가 만들어지게 되었습니다.

　세상의 모든 혁신은 한 사람의 꿈에서 출발합니다. 한 사람의 꿈은 결국 팀을 통해 이루어집니다. 조직 전체를 한 번에 변화시키는 것은 쉽지 않습니다. 내가 할 수 있는 일은 나를 변화시키는 것입니다. 그리고 나와 뜻을 같이할 수 있는 팀에 요청하는 것입니다. 유비가 장비와 관우를 만났을 때 대륙 역사의 변화가 시작되었습니다. 나와 나의 팀이 혁신해야만 하는 이유를 모두가 절박하게 느끼고 혁신을 위한 도원결의가 있을 때 혁신이 이루어집니다. 혁신은 많은 인원이 시작해야 성공하는 것이 아니라 반드시 혁신하겠다는 굳은 결심을 공유한 소수의 인원이 강력한 팀이 되어 움직일 때 이루어집니다. 팀은 수많은 개인의 합보다 강합니다. 한 팀이 뇌관처럼 강력한 폭발력으로 작동할 때 조직 전체의 변화와 혁신으로 이어집니다.

CHAPTER 04

1,000년을 지속할
위대한 기업을 빚는다
'컬처 힐링'

사람의 마음을 움직이는 작지만 진실한 가치들이
구성원들의 마음과 행동 속에 깊이 자리 잡아 기업 문화로 구현될 때
1,000년을 넘어 지속 가능한 위대한 기업이 될 수 있습니다.

무엇이 병인 줄 모르는
'문화 백치증' 치유하기

　1년 동안 회사에서 별로 하는 일 없이 출근했다가 퇴근만 해도 80억을 받을 수 있다면 어떤 기분일까요? 그냥 1년만 버티면 무조건 80억을 받는 것입니다. 저라면 정말 중간에 어떤 일들이 있더라도 반드시 1년을 버텨서 그 돈을 받아 내고 말았을 것입니다. 그런데 그 80억을 포기하고 회사를 떠난 사람이 있습니다. 토니 셰이라는 인물입니다. 토니는 《딜리버링 해피니스》에서 그 사연을 밝혔습니다.

　그는 링크익스체인지라는 IT 기업을 공동 설립해 2년 만에 마이크로소프트에 2억 6,500만 달러에 매각했습니다. 마이크로소프트는 회사를 인수하면서 그가 적어도 1년 동안 회사에 남아 있어야 한다는 것

회사가 급속도로 성장하면 직원 수가 자연히 늘어나게 됩니다. 이때 업무에 대응하기 위해 단순히 의욕과 능력만 보고 신속하게 채용하는 것은 나중에 문제를 일으키게 됩니다.

을 조건으로 걸었습니다. 그렇게 1년을 보내면 그는 4,000만 달러를 받을 수 있었습니다. 하지만 중간에 그만둔다면 800만 달러를 포기해야 했습니다. 세계 최고의 기업인 마이크로소프트가 회사를 인수했기에 사실 그가 할 일은 크게 없었습니다. 적당히 자리만 지키고 새로운 경영자들에게 조언 정도만 해 주어도 되는 상황이었습니다. 그러나 결국 그는 1년을 다 채우지 못하고 스스로 회사를 떠나고 맙니다. 80억이라는 돈을 포기한 것입니다.

이유는 직원들이 보여 주는 추한 모습들 때문이었습니다. 직원들은 서로를 비방했으며 사내 정치를 통해 자기 자리를 확보하기 위해 비열한 짓을 서슴지 않았습니다. 기업 인수 합병 과정에서도 각자 이면계약을 통해 몰래 돈을 더 벌기 위해 이전투구를 벌였습니다. 서로 물고 뜯으며 자신의 금전적인 이익을 위해 싸움을 벌였습니다. 그는 이러한 직원들의 모습에 신물이 나서 더는 견디지 못하고 자신이 설립한 회사를 스스로 떠났습니다.

사실 회사가 이렇게 병이 든 데는 사장이었던 토니 셰이의 책임이 컸습니다. 그러나 당시에는 토니 셰이 스스로도 그것이 자신의 무지에서 발생한 병이라는 것을 알지 못했습니다. 토니가 기업을 처음 설립했을 때는 주로 자신과 친한 친구들을 직원으로 끌어들였습니다. 서로의 생각과 성격을 잘 알았던 그들은 서로를 챙기며 즐기면서 일했습니다. "모두는 하나를 위해, 하나는 모두를 위해"를 모토로 회사 전체가 하나가 되어 행복하게 일에 몰입할 수 있었습니다.

그런데 회사가 급속도로 성장하면서 새로운 직원들이 갑자기 불어나기 시작했습니다. 그도 처음 경험해 보는 경영이라 직원 수가 갑자기 늘어나는 것이 기업에 어떤 영향을 미치게 될지 몰랐습니다. 그는 폭증하는 업무에 대응하기 위해 의욕과 능력만 있어 보이는 인력이면 신속하게 채용하는 데 중점을 두었습니다. 결국 그것이 모든 병의 원인이 되고 맙니다. 새롭게 충원한 직원들의 입사 동기는 기존 직원들과 사뭇 달랐습니다. 그들에게는 돈이 제일 중요했고 회사를 자신의 경력 관리에 활용하는 데 목적을 둔 사람이 많았습니다. 그리고 무엇보다 회사에는 그러한 목적으로 입사한 사람들을 교육하고 회사의 문화 안에서 한데 묶어 줄 시스템이 전혀 없었습니다. 왜냐하면 회사의 CEO였던 토니 셰이에게 그런 안목과 지식이 없었기 때문이었습니다. 한 조직의 최고 리더가 직원들의 사고방식과 행동 양식을 회사의 가치에 적합하도록 바람직하게 이끌어 줄 문화가 필요하다는 사실을 모르는 '문화 백치증' 상태였기에 조직이 직원들의 이기심 전쟁터가 된 것은 당연한 이치입니다.

기업은 사람들이 모인 곳입니다. 그들은 수십 년 동안 각자 다른 환경에서 다른 경험을 해 온 사람들입니다. 이렇게 다른 사람들이 모여 한 조직 안에서 한 가지 목표를 향해 함께 가기 위해서는 기준이 필요합니다. 서로 출신과 성격이 다른 사람일지라도 어떤 상황에 대해 회사의 가치에 도움이 될 수 있는 방향으로 같이 대응할 수 있는 체계를 갖추어야 하는 것이지요. 만일 이런 기준과 체계가 없다면 사람들은 저마다 자기 성격과 판단대로 대응할 것이며 기업은 직원 수만큼의 혼란이 발생할 것입니다. 이러한 혼란을 방지하고 기업이 한 방향으로 노력을 집중할 수 있도록 북극성 역할을 해 주는 것이 바로 '문화'입니다. 성격이 개인의 인생을 결정하듯 문화는 기업의 운명을 결정합니다.

SUCCESS
IDEA
Think
outside
The box
TARGET MARKET
ATTRACT
integrated
VALUE
PROFITABILITY

몇 년 후 토니는 자신이 투자했던 온라인 신발 유통기업 재포스의 CEO로서 두 번째 기업 경영에 도전합니다. 그는 자신의 문화 백치증으로 엉망이 되었던 링크익스체인지의 전철을 밟지 않기로 단단히 결심합니다. 그는 이제 기업의 문화를 구축하는 것이 얼마나 중요한지 누구보다 잘 알게 되었습니다. 그는 짐 콜린스의《좋은 기업을 넘어 위대한 기업으로》를 읽고 위대한 기업들은 돈을 번다거나 시장점유율 1위 이상의 위대한 사명과 원대한 비전을 가지고 있다는 것을 가슴에 새기고 경영진과 직원들도 함께 필독하도록 했습니다.

  우선 그는 회사 밖에서도 직원들과 함께 잘 어울릴 수 있는 사람들만 고용하려고 애썼습니다. 그들은 자연스럽게 동네에서 만나 대화를 즐겼고 시간을 같이 보내며 하나가 되었습니다. 어느 날 밤에는 직원들과 어울리던 토니가 신입 직원에게 재포스 문화에 대해 이야기해 달라고 부탁했습니다. 직원은 20분 동안이나 얘기했고 토니는 그의 말이 재포스 문화를 아주 잘 표현하고 있다는 생각이 들었습니다. 토니는 그 자리에서 바로 전 직원이 재포스 문화가 자신에게 어떤 의미가 있는지 조금씩 적어서 책으로 만들자는 아이디어를 냈습니다. 그렇게 탄생한 책이《재포스 컬처북》입니다. 그는 직접 모든 직원에게 메일을 보내 재포스 문화란 무엇인가? 다른 기업 문화와 비교해서 무엇이 다른가? 재포스 문화에서 좋아하는 점은 무엇인가? 등에 대해 솔직하게 100~500단어로 적어 달라고 부탁했습니다.

직원들은 자신이 느끼는 재포스 문화의 긍정적인 면도 많이 이야기했지만 일부 부정적인 의견도 제시했습니다. 과거에 비해 업무 처리 과정이 복잡해지고 의사소통이 예전 같지 않다는 등의 내용이었습니다. 토니는 직원들의 의견을 거의 편집 없이 약간의 디자인만 가미해 그대로 책으로 묶어 모든 직원에게 배포했습니다. 일부 임원들이 부정적인 의견까지 그대로 전파하는 것은 위험한 발상이라고 충고했지만, 토니는 그러한 리스크보다는 투명성이 더 큰 가치라고 생각하고 있는 그대로 직원들과 공유했습니다. 《재포스 컬처북》은 재포스 직원들뿐 아니라 재포스의 거래처와 고객들에게 큰 반향을 불러일으켰습니다. 그들은 직원들이 보는 재포스의 모습이 벌거벗은 듯 적나라하게 드러난 것에 대해 놀랐습니다. 그리고 그들은 그러한 재포스의 진실성과 투명성이 책에 나타난 문제들을 충분히 해결할 것이라고 신뢰하게 되었습니다.

"장기적인 관점에서 브랜드를 구축하는 가장 좋은 방법은 무엇일까?
한마디로 말하면 이것이다. 문화.
문화를 바로잡는다면 다른 것들은 대부분 – 훌륭한 고객 서비스, 훌륭한 장기적 브랜드 구축, 열정적인 직원들과 고객 확보 등 – 자연스럽게 뒤따라오게 될 것이라고 믿는다.
회사의 문화와 브랜드는 실로 동전의 양면이다. 브랜드는 처음엔 문화에 뒤처져 있지만 궁극적으로는 문화를 따라잡을 것이다.

당신의 문화가 당신의 브랜드이다."

토니가 자신의 블로그에 올린 포스팅입니다. 토니는 문화 백치중에서 완전히 치유되어 문화가 기업에서 어떤 의미가 있는지 정확히 인식하고 있습니다. 이러한 깨달음을 통해 그는 1년이 넘는 기간에 걸쳐서 전 직원과 소통하며 재포스의 열 가지 핵심 가치를 도출합니다. 직원들이 서로를 대할 때, 고객을 상대할 때, 거래처와 제휴사들을 대할 때마다 이 핵심 가치가 반영되도록 전략, 교육, 평가, 보상 시스템을 한 방향으로 정렬했습니다. 1999년 거의 제로에서 시작한 재포스의 매출은 2000년에 160만 달러, 2002년 3,200만 달러, 2008년 10억 달러를 기록했으며, 2009년 10월 31일에는 12억 달러에 아마존에 매각되었습니다. 세계 최대의 온라인 전자 상거래 기업 아마존은 재포스만의 문화를 존중하며 재포스를 더욱 위대한 기업으로 성장시키겠다고 약속했다고 합니다. 최고경영자가 문화의 의미와 가치를 명확히 인식하고 기업이 문화에 의해서 움직이도록 모든 시스템을 통합 정렬할 때 1,000년을 지속할 명품 기업이 탄생할 수 있습니다.

조직의 뿌리를 흔드는 '리더 분열증' 고치기

　조현병으로 명칭이 바뀐 '정신분열증'에 걸린 사람은 망상, 환각, 비조직적 언어와 행동 증상을 보입니다. 망상은 자신이 유명 인사라고 생각하고 행동하거나 정보기관이 자신을 감시하고 있다고 착각하는 현상입니다. 환각은 주로 어디선가 낯선 소리가 들리는 환청으로 나타납니다. 그 낯선 소리는 누구를 때리라든가, '너는 금방 죽게 될 거야.' 처럼 파괴적인 행동을 유발합니다. 비조직적 언어와 행동은 대화를 하다가 뜬금없이 엉뚱한 소리를 하거나 공적인 자리에서 깔깔거리고 웃는 등 의사소통에서 비현실적으로 행동하는 것을 말합니다. 정신분열증은 말 그대로 정신이 분열되어 통합된 인격을 유지하지 못하고 비정상적인 행동을 유발해 한 사람의 인생을 망쳐 놓는 병입니다.

　리더는 조직의 정신적 지주입니다. 조직에서 리더가 분열되는 증상을 보이면 사람의 정신이 분열되는 것과 같은 현상을 초래합니다. 가정에서 부부가 분열되어 싸우게 되면 자녀들이 심한 불안을 느끼고 정상적으로 발달하지 못하는 것과 같은 이치입니다.

　P사의 오 전무와 윤 상무는 서로 앙숙이었습니다. 오 전무는 윤 상무보다 늦게 입사했지만 실적이 뛰어나 더 빨리 승진했습니다. 윤 상무는 오 전무가 승진한 것을 실력으로 인정하지 않고 윗사람한테 아부하고 잘 보여서 그렇게 된 것이라고 생각했습니다. 오 전무는 윤 상무가 실력도 안 되면서 늘 다른 사람의 꼬투리를 잡고 안 보이는 데서 비

난하는 사람으로 여겼습니다. 대표이사도 오 전무와 윤 상무의 관계를 인지하고 있었지만 우유부단한 성격이라서 별다른 조치를 취하지 못하고 방관하고 있었습니다.

상황이 이렇다 보니 직원들은 오 전무와 윤 상무 사이에서 혼란스럽고 힘들어했습니다. 어떤 직원들은 오 전무와 윤 상무 중에 한 사람을 택해 줄을 섰고, 다른 직원들은 어느 편에도 서지 못한 채, 오 전무 앞에서는 오 전무 편을 들고 윤 상무 앞에서는 윤 상무 편을 들었습니다. 회사에서 진행되는 모든 프로젝트가 누가 지시한 것인가에 따라 우왕좌왕하는 가운데 효과적으로 이루어지지 못했습니다. 자연스럽게 매출이 떨어지고 회사는 어려워졌습니다. 우유부단한 성격으로 임원들의 분열에 제대로 대처하지 못하고 있던 대표이사도 결국 회사가 어려워지자 윤 상무를 내보내는 쪽으로 결정하고 윤 상무와 임원 계약을 하지 않았습니다. 윤 상무는 대표이사와 오 전무에게 악담을 퍼부으면서 회사를 떠났습니다.

조직의 최고 리더가 우유부단하여 리더들의 분열을 예방하지 못하거나 방치하게 되면 조직은 머지않아 위기에 봉착하고 맙니다. 최고 리더는 자신을 포함하여 조직의 모든 리더가 하나로 단결하여 똘똘 뭉칠 수 있는 체계를 갖추어야 합니다. 구성원들이 어느 리더에게 질문하더라도 회사의 공통된 목적에 근거한 같은 방향의 답변을 들을 수 있어야 합니다.

마케팅과 홍보를 동시에 맡고 있던 부사장 돈 발렌타인이 다른 회사로 이직했습니다. 이때 마케팅 담당 이사인 데이브 리들리와 홍보·판촉 담당 이사인 조이스 로그는 상사인 콜린 배릿에게 이런 제안을 합니다.

"우리 두 사람은 서로 협력하여 일할 용의가 있습니다. 그러니 외부에서 부사장을 영입하지 말아 주시기 바랍니다."

몇몇 중역의 반대에도 불구하고 콜린은 두 사람의 의견을 수용합니다. 리들리와 로그는 두 부서를 공동으로 이끌게 되었습니다. 그들은 우선 부사장실을 없애고 그 자리에 유리로 두 개의 작은 회의실과 개인 전화 공간을 마련했습니다. 자신들의 방인 이사실의 벽을 제거하고 두 이사의 책상을 사무실 한가운데에 있는 회의실 앞에 나란히 배치했습니다. 이러한 배치는 직원들이 볼 때 두 부서가 새로운 리더십 지휘 아래 들어갔으며, 이제는 두 팀이 하나가 되었고 언제든 로그나 리들리에게 접근할 수 있다는 것을 생생하게 보여 주었습니다.

마케팅 이사인 리들리는 그 상황을 이렇게 설명했습니다.

"우리의 독특한 기업 문화가 있었기 때문에 그런 파격적인 제안을 수용할 수 있었다고 생각합니다. 콜린은 우리 두 사람을 믿었기 때문에 자신의 목을 거는 위험을 감수했습니다."

로그는 그때 일을 이렇게 말했습니다.

"우리는 마케팅과 홍보를 담당하는 부사장 자리를 놓고 싸우지 않을 것임을 천명했어요. 데이브와 나는 직원들에 대하여 공동 목표를 갖고 있고 또 회사의 공통적 비전을 공유하고 있어요. 나의 장점은 데이브의 그것과 다르기 때문에 두 사람이 한 팀으로 일하면 더 강력해질 수 있어요. 우리는 함께 일하는 것을 위험하다고 생각하지 않았어요. 서로 존중하고 상대방을 좋아하게 되었어요."

물론 두 사람이 모든 사안에 대해 의견이 일치하고 갈등이 전혀 없었던 것은 아닙니다. 그들은 세부적인 사항에서는 의견이 달랐고 어떤 순간에는 갈등을 겪기도 했습니다. 하지만 그들은 그러한 순간에 자신의 이익이나 관점을 내려놓고 어느 것이 더 회사의 목적과 문화에 적합한 것인가를 기준으로 대화를 통해 새로운 방향을 도출해 냈습니다. 리들리와 로그는 모두 부사장으로 승진했습니다.

이 스토리는 사우스웨스트 항공사의 문화를 다룬 《NUTS! 사우스웨스트 효과를 기억하라》에 나오는 이야기입니다. 사우스웨스트 항공사의 명확하고 강력한 문화가 리더 간의 자발적 협력을 조성한 멋진 사례입니다.

엄마와 아빠의 분열은 아이들에게 깊은 상처를 남깁니다. 가족으로서의 유대감을 손상하며 사람에 대한 신뢰를 떨어뜨리고 자신에 대한 존중감을 낮아지게 만듭니다. 조직에서 리더의 분열 또한 구성원들에게 똑같은 영향을 미칩니다. 파격적으로 낮은 운임과 고객의 배꼽을 빠뜨리는 유쾌한 서비스로 단 한 번도 적자를 본 적이 없다는 전설을 계속 써 내려가고 있는 사우스웨스트 항공사는 조직의 가치와 문화를 생명처럼 여기는 기업입니다. 그들의 13가지 가치 중에는 '사랑'과 '공평함'이 포함되어 있습니다. 사우스웨스트는 직원들에게 사랑의 마음으로 일하라고 요청합니다. 직원들은 고객을 세심하게 배려하고 그들의 존재와 가치를 인정하도록 행동하는 것이 몸에 배어 있습니다. 사랑의 대상에는 고객뿐 아니라 직원들이 먼저 포함됩니다. 그들은 직원들 간에 배려하고 존중하는 그 사랑을 그대로 고객에게 옮길 뿐입니다.

'공평함'의 가치는 고객이나 임직원의 직위에는 별로 신경 쓰지 않는다는 것을 말합니다. 직위에 집착하면 어떤 사람이 다른 사람보다 더 중요하다는 인상을 줄 수 있기 때문입니다. 사우스웨스트에서는 일찍 온 사람이 비행기에 먼저 탑승하게 되어 있습니다. 중역들은 부하직원들에게 시킨 일은 언제든 자신도 할 준비가 되어 있습니다. 이러한 '사랑'의 가치와 '공평함'의 가치가 기업 전체에 잘 스며들어 있기에 리더 간에 분열이 발생할 여지가 없는 것입니다. 만일 리더들이 이러한 가치를 위반하여 분열을 일으키고 조장한다면 그는 즉시 다른 회사를 알아보아야만 합니다.

조직은 '무엇을' 이루는 것도 중요하지만 '어떻게' 이루는가도 대단히 중요합니다. 최고경영자는 리더들의 리더십을 평가할 때 '무엇을' 뿐 아니라 '어떻게'를 판단할 수 있도록 지침을 마련해야 합니다.

　　조직은 '무엇을' 이루는 것도 중요하지만 '어떻게' 이루는가도 대단히 중요합니다. 그래야 조직의 문화를 지킬 수 있기 때문입니다. 최고경영자는 리더들의 리더십을 평가할 때 '무엇을' 뿐 아니라 '어떻게'를 판단할 수 있도록 지침을 마련하는 것이 좋습니다. 리더 자신이 어떻게 그 목표를 달성했는지 스스로 평가하게 하고 그 과정에서 조직의 가치가 어떻게 반영되어 있는지를 설명할 수 있어야 합니다. 또한 360도 평가를 할 때도 '어떻게' 요소가 잘 반영되도록 해야 합니다. 상하좌우 간에 서로의 '어떻게'를 보고 느끼며 조직의 문화에 대한 기준을 평상시에도 깊이 생각할 수 있는 기회를 갖기 위해서 말입니다.

일관성 부재가 초래하는 '집단 어지럼증' 개선하기

어느 식품 매장에 한 고객이 화가 잔뜩 난 얼굴로 찾아왔습니다. 고객은 직원이 싱싱하다고 자신 있게 말해서 사 갔는데 바닥 쪽에 있는 과일들은 시들어서 먹을 수가 없는 지경이라고 불만을 쏟아 내며 환불을 요구했습니다. 직원은 박스를 살펴보더니 혼잣말로 "이 정도는 먹을 수 없을 정도는 아닌데…."라고 중얼거리며 환불은 안 되고 다른 박스로 교환해 주겠다고 했습니다. 직원이 자기도 모르게 중얼거린 소리가 고객에게 들리고 말았습니다. 고객은 더 화가 나서 다 필요 없으니 환불해 달라고 고함을 질렀습니다. 직원은 이 정도는 환불해 줄 수 있는 상황이 아니니 교환해 가라고 버텼습니다. 어이가 없어진 고객은 매장 밖으로 나가 본사에 전화를 걸어 사장을 바꿔 달라고 했습니다.

고객은 사장에게 도대체 직원 교육을 어떻게 시키는 것이냐고 소리치며 분노를 폭발했습니다. 사장은 고객의 사정 이야기를 다 듣고 불편을 끼쳐 죄송하다고 사과하고 환불해 드리겠다고 말했습니다. 사장은 나중에 직원을 불러 고객 만족이 최우선인데 왜 고객이 그렇게까지 화나게 만들었느냐며 직원을 나무랐습니다. 직원이 사장에게 대답했습니다.

"사장님, 지난달부터 사장님께서 대내외적인 위기에 대처해야 한다며 각 부서에 뼈를 깎는 비용 절감이 필요하다고 말씀하지 않으셨습니까? 그래서 저희 팀에서는 현금 환불을 최대한 줄이라는 지시가 내려왔습니다."

직원의 답변을 들은 사장은 그 상황이 결국 자신 때문에 일어난 것임을 알게 되었습니다. 사장이 평소에는 고객 만족을 최우선으로 강조하다가 경영 환경이 어려워지는 경향을 보이자 갑자기 위기 선제 대응을 내세우고 강력한 표현을 써 가면서 비용 절감을 요구했던 것입니다.

사장은 최고 의사 결정권자로서 그때그때 일어나는 상황에 대처하기 위해 자기 나름대로의 방책을 생각해 지시를 내립니다. 그런데 직원 입장에서는 때마다 상황마다 내려오는 지시들이 서로 상충될 때가 종종 있어 이렇게 해야 할지 저렇게 해야 할지 헷갈리는 경우가 다반사입니다. 조직의 최고 리더는 즉흥적으로 아이디어가 떠오를 때마다

조직의 최고 리더는 즉흥적으로 아이디어가 떠오를 때마다 지시하고, 구성원들은 늘 최고 리더의 입에서 어떤 지시 사항이 나올까만 쳐다보고 있는 조직은 결코 장기적으로 건강하게 성장해 갈 수 없습니다.

지시하고, 구성원들은 늘 최고 리더의 입에서 어떤 지시 사항이 나올까만 쳐다보고 있는 조직은 결코 장기적으로 건강하게 성장해 갈 수 없습니다. 그렇게 되면 구성원들은 늘 수동적으로 행동하고 같은 상황에서도 사장의 지침에 따라 다르게 대응해야 하는 상황이 벌어지기 때문입니다. 또 구성원마다 사장의 지시를 다르게 이해해서 각자 입장에 따라 엉뚱하게 대처하는 현상이 나타납니다. 이러한 구성원들의 행동과 대응을 경험하는 고객, 거래처, 기타 이해관계자들은 그들의 일관성 없는 모습에 신뢰를 잃게 됩니다. 구성원들도 행동할 때마다 기준이 달라질 수 있으니 어지럽고 그들을 접점에서 만나는 고객도 어지러워지는 '집단 어지럼증'이 나타나는 것입니다. 이렇게 되면 사장은 자신의 의도와 달리 모든 상황의 중심에서 구성원과 고객을 어지럽게 만드는 원인 제공자가 되어 버립니다. 집단 어지럼증의 가장 큰 피해자는 바로 사장입니다. 회사에서 벌어지는 사소한 일마다 직원들이 제대로 처리할까 염려해야 하고 결과가 잘못되면 직원들은 다 사장의 지침이었다고 핑계를 댈 수 있기 때문입니다.

"직원의 참여 없이는 고객 중심의 가치를 실천할 수 없다는 인식을 강화하고자 황금률을 시작했습니다. 이 두 가지 요소는 항상 함께해야 합니다. 사실상 직원들의 태도는 거의 경영진의 태도에 좌우됩니다. 따라서 아끼고 베푸는 자세라는 물줄기가 경영진에서 직원들에게 그리고 고객에게 흘러내리는가가 중요합니다."

마티 파커의 《위대한 기업을 만드는 힘, 컬처 커넥션》에서 소개하고 있는 포시즌스호텔의 CEO 캐슬린 테일러가 한 말입니다. 포시즌스호텔은 35개국에 85개 호텔을 두고 있으며 고객에게 깊은 감동을 주는 서비스로 명성이 자자한 기업입니다. 포시즌스의 창립자 이사도어 샤프는 호텔이 세계 어디에 있든 고객에게 최고의 만족을 선사하기 위해서는 현장에서 고객을 만나는 직원들이 스스로 적극적으로 참여하지 않고서는 불가능하다는 것을 인식했습니다. 그는 조직의 모든 구성원이 철저하게 고객 중심의 사고와 행동을 할 수 있는 방법은 가장 단순하면서 명확한 기준이 되는 가치를 정하고, 그 가치를 중심으로 강력한 기업 문화를 형성하여 임직원들이 어떤 상황에서도 스스로 판단하여 고객에게 감동을 주는 행동을 선택할 수 있게 하는 것이라고 생각했습니다.

그는 '남들이 자신에게 해 주길 바라는 대로 남들을 대하라.'는 황금률을 가장 기본이 되는 핵심 가치로 정했습니다. 이 가치가 실제 현장에서 행동으로 구현될 수 있도록 고객을 만나는 직원들에게 현장에서 바로 의사 결정을 할 수 있는 권한을 주었습니다. 이에 따라 직원들은 고객과 만난 자리에서 고객의 상황에 따라 고객을 어떻게 만족시켜야 할지 스스로 결정할 수 있게 되었습니다. 직원들은 상사의 눈치를 보면서 행동하는 것이 아니라 고객의 마음을 살피며 고객에게 집중했습니다. 고객 만족도는 자연스럽게 높아졌으며 직원들은 자신의 결정에 책임감과 자부심을 갖고 일할 수 있었습니다.

경영진에게는 직원들을 관리와 통제의 대상으로 보지 말고 신뢰와 존중의 태도로 고객을 대하듯 직원을 대하라고 강조했습니다. 이를 위해 CEO인 샤프 자신이 먼저 경영진과 직원을 고객 대하듯 존중하고 사랑했습니다. CEO로부터 시작되어 경영진을 거쳐 직원에게까지 서로를 귀하게 여기고 존중하는 문화가 자리 잡히자 고객 서비스는 더 훌륭해질 수밖에 없었습니다. 포시즌스는 업계 최초로 욕실에 샴푸를 비치했으며 24시간 룸서비스를 제공했고 흡연 층과 금연 층을 구분했습니다. 물론 지금은 이러한 서비스들이 일반화되었지만 이렇게 되기까지는 포시즌스가 앞장서 보여 준 모델이 있었기 때문입니다.

조직의 최고 리더가 해야 할 가장 중요한 일은 모든 구성원이 한 방향을 볼 수 있도록 조직의 가치를 정의하는 일입니다. 이 가치가 명확하면 구성원들은 어떤 상황에서도 어지러워하지 않고 일관성 있는 태도와 행동을 취할 수 있게 됩니다. 고객과 거래처, 기타 이해관계자들은 이러한 일관성을 경험할 때 그 기업을 신뢰하고 자신들도 일관성 있게 그 기업에 충성도를 보이게 됩니다.

그런데 문제는 이러한 조직의 핵심 가치를 정해 놓고도 그 효과가 제대로 나타나지 않는 경우가 비일비재하다는 것입니다. 많은 기업이 사훈, 경영 철학, 비전, 사명 등 다양한 이름으로 조직의 가치를 정하고 액자에 멋지게 써넣은 다음 사무실 벽에 걸어 놓습니다. 그리고 그 액자 아래서 일하고 실행할 때는 액자에 있는 문구와 무관하게 자신의 성격과 판단대로 행동해 버립니다. 가치를 강조했던 사장도 직원을 모아 놓고 교육할 때나 한 번씩 액자 속 문구를 인용해 언급할 뿐 자신의 일상 속 언어와 행동에서 그 가치가 어떻게 나타나야 하는지 인식하지 못합니다.

　사장의 성격이 조직의 가치와 관계없이 드러날 때 그 가치는 무가치한 것이 됩니다. 사장의 눈빛과 표정, 언어와 행동에 조직의 가치가 담겨 있어야 합니다. 사장이 경영진과 마케팅 전략을 논의하거나 인재 선발에 대한 기준을 정할 때, 별 이슈 없이 차 한잔을 마실 때도 사장의 모습에서 경영진이 가치의 향기를 느낄 수 있어야 합니다. 사장이 직원들을 일일이 통제하고 지시하는 것보다 자신이 조직의 가치와 혼연일체가 되어 직원들이 사장을 보면 조직의 가치가 자동적으로 떠오를 수 있게 하는 것이 훨씬 효과적이고 강력합니다.

사장은 외로운 자리입니다. 결국 모든 책임을 최종적으로 감당해야 하는 사람은 사장이기 때문입니다. 이 외로움에서 벗어나 모두가 주인처럼 사고하고 행동할 수 있도록 하는 유일한 방법은 자신마저도 모든 걸 바쳐 따를 수 있는 가치를 정하는 것입니다. 그 가치의 아름다움이 사장 자신과 조직 구성원 전체에게 영감을 주고, 모든 구성원이 그 가치에 자부심을 느끼고 스스로 헌신할 때 사장은 더는 외롭지 않고 구성원들은 더는 수동적인 존재가 되지 않을 것입니다. 사장이 CEO를 넘어 CVO_Chief Value Officer가 될 때 그 기업은 에너지가 살아 넘치는 최고의 조직이 될 수 있습니다.

능력은 우수하지만 문화를 해치는 '컬처 킬러' 대응법

　기업 강연을 가다가 우연히 경희대학교 제자를 만났습니다. 근황을 물으니 한국 진출을 위해 직원을 모집 중인 미국 기업에 경력직으로 지원했답니다. 그런데 그 기업의 직원 모집 방식이 특이했습니다. 자신에게 한 페이지 분량의 질문지를 보내고 그 질문에 대한 답변을 동영상으로 만들어서 이메일로 보내라고 했다는 것입니다. 그러면 직원을 뽑는 해당 팀에서 팀원 전체가 그 동영상을 몇 시간씩 계속 반복해서 돌려 보면서 서로 토의를 거쳐 그 사람의 채용 여부를 결정한다고 합니다. 그 소리를 듣고 정말 놀랐습니다. 사람이 필요한 팀에서 직접 지원자를 평가해서 선발하는 것도 그렇지만 답변하는 동영상을 보면서 몇 시간씩 서로 토론한다는 건 참으로 대단한 발상입니다. 팀장한 사람만 보는 것이 아니라 팀원 전체가 지원자의 얼굴과 말씨, 말하는 내용과 태도를 직접 보면서 뽑는다면 사람을 잘못 선발할 가능성이 적어지고, 그렇게 선발된 사람은 이미 팀원들과 상당한 신뢰 관계를 형성하고 시작할 수 있겠다는 생각이 들었습니다.

이렇게 까다로운 선발 과정을 거치는 까닭은 바로 그 팀과 기업의 문화에 적합한 사람을 채용하기 위해서입니다. 문화가 기업의 유지와 지속 성장에 얼마나 중요한지 아는 기업은 기업의 핵심 가치에 적합한 인재를 선발하기 위해 모든 노력을 다하기 마련입니다. 문화로 기업의 가치를 계속 확대 재생산하고 있는 재포스는 "모험 정신과 독창적이며 열린 마음을 유지한다."라는 가치에 맞는 직원을 선발하기 위해 인터뷰에서 다음과 같은 질문을 던집니다.

- 이전 직장에서 틀에서 벗어난 사고와 행동을 했던 예는 어떤 것이 있습니까?
- 직장에서 저질렀던 실수 중 가장 괜찮았던 실수는? 그 이유는?
- 당신의 책임이 아닌 분야에서 문제점을 목격하고 솔선수범하여 그 문제를 해결했던 경우에 대해 이야기해 보세요. 문제는 무엇이고 어떻게 해결했나요?

참 독특한 질문들입니다. 만일 지원자가 재포스의 문화에 대해 제

컬처 킬러를 사전에 예방하기 위해서는 컬처 킬러를 걸러내고 자사의 문화를 더욱 성숙시킬 인재를 선발하는 세심한 채용 시스템을 갖추어야 합니다.

대로 알아보지도 않고 면접을 보러 갔다가 성실하게 열심히 최선을 다해 일하겠다는 답변을 했다면 그는 바로 탈락했을 것입니다. 문화에 적합한 인재가 중요한 이유는 능력이 아무리 탁월해도 문화를 거스르는 태도와 행동을 보이는 사람은 결국 조직의 근간을 흔들고 전체적 신뢰에 치명적인 해를 끼치기 때문입니다. 이러한 컬처 킬러를 사전에 예방하기 위해서는 컬처 킬러를 걸러내고 자사의 문화를 더욱 성숙시킬 인재를 선발하는 세심한 채용 시스템을 갖추어야 합니다.

한 중견 기업이 기업 문화를 평가하기 위해 전 직원을 대상으로 360도 다면평가를 실시했습니다. 다면평가 결과를 확인한 사장은 전혀 예상치 못한 한 가지 사실에 깜짝 놀랐습니다. 자신이 가장 믿고 아끼는 기획이사에 대한 직원들의 평판이 너무나 좋지 않았기 때문입니다. 기획이사는 두뇌 회전이 빠르고 추진력이 뛰어나며 마케팅 감각도 좋아 영업 분야에서도 탁월한 성과를 달성해 두 번이나 특진한 인재였기에 사장이 특별히 회사 전체의 미래를 그리는 기획부서의 총책임자로 임명한 사람이었습니다. 기획이사에 대한 직원들의 평가는 "자기 생각대로만 한다. 다른 사람들의 말을 들으려고 하지 않는다. 감정 조절을 못해 수시로 화를 낸다. 자기 실적을 달성하는 것 외에는 관심이 없다. 말을 함부로 한다. 다시는 같은 부서에 근무하고 싶지 않다."라는 내용들이었습니다. 사장은 자신이 아는 기획이사의 모습과 직원들이 보는 모습이 너무 달라 정말 당황스러웠습니다. 사장은 이런 고민을 평소 경영과 리더십에 대해 꾸준히 학습하는 친한 사장에게 솔직히 얘기하고 조언을 구했습니다.

그는 기획이사에게 코칭을 받게 해 주라고 권했습니다. 기획이사가 지금 능력은 탁월하지만 다른 직원들과 소통이 안 되고 관계에 큰 문제점을 보이고 있어 회사의 전체적인 분위기와 문화를 해칠 수 있는 상태이니 빨리 실시하는 것이 좋겠다고 했습니다. 사장은 그에게 실전 경험이 많은 우수한 코치를 추천받아 기획이사에게 코칭을 받도록 했습니다.

코치를 처음 만난 기획이사의 얼굴은 잔뜩 찌푸려 있었습니다. 코치는 40대 초반의 깔끔한 이미지를 지닌 여성이었습니다. 코치는 기획이사의 상황을 사장에게 이미 들은 터라 그 표정의 의미를 알 수 있었습니다. 코치가 기획이사에게 먼저 말했습니다.

"기획이사님, 지금까지 회사를 위해 정말 밤낮없이 헌신해 오셨는데 이런 자리에 오시게 되어 마음이 너무 안 좋으시겠어요."

"제가 열심히 일해 온 걸 어떻게 아셨지요? 직원들도 참 한심하고 사장님도 너무하신 거 같아요. 내가 누구를 위해 그렇게 열심히 일했는데, 다 회사 실적을 위해서 내 몸 사리지 않고 뛰었는데 이제 와서 360도 평가인가 뭔가 말도 안 되는 조사를 해서 한순간에 못된 사람으로 만들어 놓다니. 제가 헛살았다는 생각이 듭니다."

"그러셨군요. 회사 실적을 위해 그렇게 뛰셨는데 사람들이 좋지 않게 평가해서 정말 서운하시겠어요. 사실 저도 이전 회사에 있을 때 마케팅 팀장을 하면서 일주일에 두세 번씩 밤을 새며 일했는데 결국 저 때문에 힘들어하는 직원이 많아 제가 스스로 직장을 그만둔 경험이 있거든요."

"아… 코치님도 그런 경험이 있었군요."

"네. 제가 코칭을 공부하게 된 이유도 그때 일 때문이었습니다. 나는 정말 열심히 일했는데 왜 사람들은 나를 싫어하는 것일까? 이 질문에 대한 해답을 찾고 싶었습니다. 결국 저는 그 이유와 답을 발견하고 이렇게 코치의 길을 걷게 되었지요."

코치는 어려서 아버지가 일찍 돌아가시고 홀어머니 밑에서 자랐습니다. 어머니는 코치가 아버지 없이 자랐다는 말을 듣지 않기 위해 딸을 엄격하게 키웠습니다. 조금이라도 실수하면 가차 없이 혼을 내고 때론 가혹하게 매질을 했습니다. 이렇게 자란 코치는 학교에서도, 직장에서도 자신에게 주어진 일을 완벽하게 수행하기 위해 병적으로 집중했습니다. 그러다 보니 자신과 함께 일하는 사람에게도 똑같은 수준을 요구했으며 그것이 마음에 들지 않으면 막말을 퍼붓곤 했던 것입니다. 그렇게 해서 업무적으로는 뛰어난 성과를 거두었지만 주변 사람들은 그녀를 피하고 함께 근무하는 것을 모두 꺼려했습니다.

코치는 회사를 나와 코칭 공부를 하며 자신을 객관적으로 보는 법을 배웠습니다. 자신이 성장해 온 과정에서 자신에게 완벽주의 습관이 생겼으며 그것이 주변 사람들의 마음을 얼마나 힘들게 했는지 이해하게 되었습니다. 그리고 자신에게 엄격하게 요구하던 마음의 습관을 내

려놓고 조금 더 편안하게 삶을 생각할 수 있게 되었습니다. 타인에 대해서도 그들의 마음을 헤아리고 공감하는 법을 익히게 되어 누구를 만나도 자신의 관점에서 평가하지 않고 먼저 상대의 입장에서 어떤 느낌일까를 생각하는 사람이 되었습니다.

기획이사는 코치의 개인적인 이야기를 들으며 자신이 살아온 삶과 참 많이 겹친다는 걸 알게 되었습니다. 기획이사는 부모님이 모두 계셨지만 두 분이 이혼을 해서 아버지와 새엄마 밑에서 자랐습니다. 그는 아버지와 새엄마의 인정을 받기 위해 늘 노심초사하며 지냈습니다. 공부도 좋아서 잘한 것이 아니라 인정받기 위해서 했습니다. 아버지는 사업하다 실패한 경험이 있어서 그에게 늘 실패해서는 안 되며 돈을 많이 버는 것이 인생의 자유를 얻는 길이라고 강조했습니다. 지금껏 살면서 한 번도 아무런 부담 없이 마음 편하게 쉬거나 놀아 본 적이 없는 기획이사는 조금이라도 빈틈을 보이는 직원이 있으면 참지 못하게 되었던 것입니다.

기획이사는 8주간의 코칭을 통해 코치가 제시한 여러 질문에 대한 답을 스스로 찾아 가며 자신을 제3자의 입장에서 볼 수 있는 '관찰자적인 시각'을 가지게 되었습니다. 그리고 자신의 말과 행동 때문에 고통받았던 직원들의 마음을 공감할 수 있게 되었습니다. 스스로를 더는 과도하게 몰아붙이지 않게 되었습니다. 직장 생활의 목표도 "나의 재능을 통해 직원과 고객의 행복을 도움으로써 나의 행복을 만들어 간다."라고 새로 정했습니다. 오직 '실적'과 '성공'이라는 용어에만 꽂혀 있던 기획이사의 머릿속에 '행복'이라는 용어가 새롭게 들어와 자리 잡게 되었습니다.

능력은 탁월하지만 조직의 문화를 해치는 사람은 최고경영자의 입장에서 대단히 다루기 힘든 존재입니다. 이러한 컬처 킬러는 실적이 절박한 상황에서는 존재감을 유지할 수 있으나 조직이 안정 궤도에 들어서서 문화를 만들어 나가야 하는 단계가 되면 조직에 큰 부담 요소로 작용합니다. 코칭은 이러한 컬처 킬러를 힐링 리더로 거듭나게 할 수 있는 매우 효과적인 프로세스입니다. 외부의 전문 코치에게 도움을 받는 것도 좋고 내부의 리더들이 코칭의 원리와 마인드를 배워 리더십을 훈련해 간다면 더욱 탄탄한 문화를 만들어 지속 성장이 가능한 탁월한 기업으로 자리매김할 수 있을 것입니다.

이상적 조직 문화 구현을 정착하는 '컬처 힐링' 교육 체계

평일 오후에 30여 명의 직원이 미술관에 갑니다. 미리 연락을 받은 미술관의 학예사는 직원들을 안내하며 미술 작품에 대해 하나하나 설명합니다. 그림에 나타난 구조와 화풍, 작가에 대한 이야기뿐 아니라 그림이 그려지게 된 과정과 역사적 배경에 대한 흥미진진한 스토리들을 듣습니다. 미술관 관람이 끝나면 잔디밭에 모여 차를 마시며 서로 느낀 점들을 나누고 이야기꽃을 피웁니다.

이런 교육을 학교나 문화원이 아니라 기업에서 할 수 있을까요? 평일에 직원들이 모여 미술 작품을 감상하는 것이 교육이라고 할 수 있을까요? 이런 교육이 과연 기업에 도움이 될까요?

이 교육은 정혁준이 엮은 《착하면서 강한 기업 유한킴벌리 이야기》에서 소개한, 유한킴벌리 대전 공장에서 실제로 진행된 교육입니다. 이렇게 평일에 미술관에 다녀온 어느 직원은 주말에 다시 아내와 자녀들을 데리고 미술관을 찾았습니다. 아빠가 미술 작품에 대해 자세히 설명해 주자 아내와 자녀들이 깜짝 놀라며 아빠를 다시 보게 됩니다. 여러 부서의 다양한 직급의 직원들이 모여 함께 미술 작품을 감상하고 대화를 나누다 보니 서로 자연스럽게 친해져 부서 간의 벽이 허물어지고 업무 협조가 잘되었습니다. 미술 작품을 계속 보다 보니 색상과 디자인, 구도와 조화에 대한 감각이 좋아져 제품 개발에 유용한 새로운 아이디어들이 지속적으로 쏟아져 나왔습니다.

　교육은 제대로만 운영되면 사람의 감성과 통찰력을 증진하고 새로운 아이디어를 떠오르게 만들며 사람 사이의 소통 능력을 향상해 줍니다. 하지만 교육을 위한 교육, 주입을 위한 교육, 관리와 통제를 위한 교육은 사람의 의지를 꺾어 놓고 무기력하게 만들며 수동적 태도를 습관화합니다. 우리는 초중고를 거치며 입시를 위해 마지못해 공부를 합니다. 대학에 가서는 취업을 위해 또 억지로 공부를 합니다. 이것이 습성화되어 직장에 와서도 회사에서 제공하는 교육에 학교 수업 참석하듯이 가서 하릴없이 쉬는 시간만 기다리며 멍한 눈빛으로 책상을 지키고 있습니다.

교육은 문화를 창출하고 유지하며 더욱 발전시키는 중요한 체계입니다. 또한 교육은 업무와 통합되어 하나로 진행되어야 실효성이 있습니다.

　　교육은 문화를 창출하고 유지하며 더욱 발전시키는 중요한 체계입니다. 문화는 교육을 통해 성숙하고 깊어지며 교육은 문화를 통해 새롭게 확장되어 갑니다. 교육이 이러한 역할을 하기 위해서는 교육의 주체인 직원들이 주도적으로 참여할 수 있어야 하고 실제로 자신의 삶과 직업에서 유익해야 하며 무엇보다 재미있어야 합니다. 또한 교육은 업무와 통합되어 하나로 진행되어야 실효성이 있습니다. 교육은 업무와 별개이고 교육 받으러 가는 것은 잠시 머리 식히러 가는 것이라고 생각하면 교육은 인력을 빼 가는 활동이고 오히려 업무에 지장을 주는 요소가 되어 버립니다.

교육이 업무와 통합되어 하나로 운영되려면 어떻게 해야 할까요?

유한킴벌리에서는 교육도 업무라고 보아 근무시간에 교육을 합니다. 업무에 쫓기지 않고 상사의 눈치를 보지 않고 교육에 집중할 수 있습니다. 교육 과목을 회사가 일방적으로 정하지 않습니다. 직원들을 대상으로 설문 조사를 실시해 직원들에게 필요하거나 직원들이 희망하는 과목을 선별합니다. 인사 담당자, 생산직, 사무직, 노동조합 등 모든 구성원이 자신에게 필요한 프로그램을 요청하거나 만들 수 있습니다. 회사는 기준만 제시합니다. 회사와 직원들에게 유익하며 법과 윤리적인 문제가 없으면 됩니다. 이렇게 수립된 교육 계획은 사내 인트라넷에 공유되고 직원들은 자신이 원하는 과목을 들을 수 있습니다.

이렇게 하니 직원들이 자신에게 실질적으로 필요한 과목을 듣고 스스로 공부하는 문화가 생겼습니다. 혼자만 공부하는 것이 아니라 자발적인 스터디 모임도 생겼습니다. 신입 사원들은 자신이 당장 업무에 써먹을 수 있는 엑셀, 파워포인트, 컴퓨터 활용 능력 프로그램을 듣습니다. 생산직에서 오래 근무해 경험과 탁월한 기술을 갖춘 직원은 기계관리라는 과목을 개설해 직접 강의를 합니다. 그럼 기계관리에 관심이 있는 여러 직급의 직원과 유관 부서의 직원들이 모여 강의를 들으며 바로 현장에서 일어나는 여러 가지 현상과 문제에 대해 토의를 벌입니다. 이런 과정을 통해 기계관리에 대한 매뉴얼이 수정되고 업데이트되기도 합니다. 마케팅 과목을 듣는 직원들은 매주 목요일 오후 4~6

시에 모여 마케팅 스터디를 하며 최신 마케팅 트렌드와 전략을 함께 공부해 자사의 마케팅 전략을 검토합니다.

영어 교육은 기업에서 돈은 돈대로 들이고 효과는 거두지 못하는 대표적인 분야입니다. 기업에서는 보통 직원들이 영어학원에 다니면 학원비를 지원해 줍니다. 직원은 학원비를 지원해 주니까 일단 학원에 등록합니다. 처음에 몇 번 다니다가 일이 바쁘거나 피곤하면 쉽게 빠집니다. 자기 돈으로 다니는 것이 아니니 학원비가 아깝지도 않습니다. 기업은 돈을 썼으나 직원의 영어 실력은 늘 제자리일 뿐입니다. 유한 킴벌리는 직원들의 제안을 받아들여 원어민 강사를 오전 7시부터 오후 5시까지 회사에 상주시켰습니다. 영어에 뜻이 있는 직원들은 회사에 일찍 출근해 원어민과 1:1 대화를 합니다. 외국에 이메일을 보낼 때는 원어민 강사에게 부탁해 영어 메일 내용을 감수 받습니다. 외국 기업과 화상회의를 할 때는 원어민 강사도 참여해 도움을 줍니다. 직원들이 자연스럽게 현장과 업무 상황에서 원어민을 대하니 영어에 대한 두려움을 떨치게 되고 영어 표현 능력이 향상되었습니다.

교육은 스스로 할 때 가장 효과가 큽니다. 스스로 하기 위해서는 자신이 존중받고 있다는 것을 느껴야 합니다. 기업이 직원을 신뢰하고 존중하여 직원에게 선택할 수 있는 기회를 줄 때 교육은 성과를 낼 수 있습니다. 그러나 보통 기업의 경영자들은 늘 원가와 싸워야 하고 자금 걱정에 피가 마릅니다. 그러다

보면 모든 것이 비용으로 보이고 자기 것처럼 아끼지 않는 직원들이 미워 보입니다. 교육도 당연히 비용으로 생각되고 당장 매출로 연결되지 않아 보이는 교육은 낭비로 생각됩니다. 그러나 경영자가 이렇게 조급해하고 좁은 생각을 가지고 있으면 결국 경영자 자신이 피해를 입게 됩니다. 경영자가 늘 비용의 시각으로 직원들을 보고 있다는 것을 아는 직원은 자신을 회사의 부속품으로 생각합니다. 경영자의 이익을 챙겨 주기 위한 도구로 생각합니다. 의욕이 있을 리 없습니다. 시키는 일만 적당히 하고 월급날만 기다립니다. 결국 이런 직원들이 일하는 기업은 경쟁력이 약해지고 매출이 떨어지면서 시장에서 사라지게 됩니다. 경영자는 자신이 비용으로 바라본 직원들의 무기력과 무능력의 결과로 자신의 목숨과 같은 기업을 잃게 됩니다.

부모가 먼저 자식을 믿고 사랑을 주어야 합니다. 자식은 부모의 신뢰와 사랑을 경험할 때 비로소 자신 안에 있는 잠재력을 볼 수 있게 되고 안정감 있게 꿈을 꾸며 도전할 수 있습니다. 마찬가지로 경영자가 먼저 직원들에게 믿음을 주어야 합니다. 사랑을 전해야 합니다. 직원들은 그 믿음과 사랑 위에서 존중감을 체험하고 자신의 능력을 발휘해야겠다는 의욕을 갖게 됩니다. 교육은 전적으로 신뢰 위에서만 실질적인 성과를 거두게 됩니다. 의심과 불신이 깔린 교육은 형식적으로 진행될 뿐 효과가 없습니다.

교육을 진행하는 방식과 교육 내용에 문화가 자연스럽게 녹아들어 반영되어 있을 때 교육과 문화는 서로 시너지 효과를 내며 더욱 강한 기업으로 성장할 수 있습니다. 수평적인 문화를 추구하는 유한킴벌리에서는 사원부터 사장까지 이름 뒤에 '님'자를 붙여서 부릅니다. 처음에는 사원이나 간부들 모두 어색해했지만 시간이 지나면서 신입 사원들도 회의나 교육 시간에 자신의 의견을 자신 있게 말하게 되었습니다. 개인 지정 좌석을 모두 없애고 카페와 같이 오픈형 공간에서 원하는 자리에 앉아 일하게 했습니다. 임원실을 없애고 집중 업무 공간으로 쓰거나 미팅 장소로 활용했습니다. 임원과 사원이 바로 옆 테이블에서 일하며 친근하게 대화를 나누며 부서가 다른 사람들끼리 붙어 앉아 일하다 보니 서로를 더 깊이 이해하게 되었습니다. 이러한 문화가 교육 시간에도 나타나 서로를 존중하고 진솔하게 소통하는 교육이 이루어져 새로운 아이디어들이 끊임없이 나왔습니다. 제안된 아이디어들은 바로 검토해 실행에 옮겨졌으며 새로운 제품들과 기술로 이어져 회사의 매출은 지속적으로 상승했습니다.

폐쇄적, 수직적, 권위적 기업 문화는 급변하는 경제 상황에 점점 적응하기 어려운 문화가 되어 가고 있습니다. 문화를 치유하는 '컬처 힐링'이 필요합니다. 교육을 통해 '컬처 힐링'을 할 수 있습니다. 교육 과정의 기획과 설계 단계부터 전 직원의 의견이 반영되는 교육, 직원들이 스스로 참여하는 교육, 직원들의 잠재력이 발현되는 교육이 탁월한 조직 문화를 만들어 갈 수 있습니다.

성과는 문화로,
문화는 성과로 검증한다

　미국의 7대 기업 선정, 자회사 1,000여 개, 직원 2만 명, 15년간 1,700% 성장.

　이 정도 성과를 낸 기업이라면 정말 세계 최고의 기업이라고 할 수 있을 것입니다. 하지만 이 회사는 수백억 달러의 빚을 남기고 파산하고 말았습니다. 미국의 에너지 기업 '엔론'이야기입니다. 엔론의 자산과 가치는 회계 조작에 의해 모두 가공된 것이었습니다. CEO인 제프리 스킬링은 부실 자산 은닉 등 회계 부정 혐의로 법원에서 24년 6개월 징역형을 선고받았습니다. 전 부회장 백스터는 스스로 목숨을 끊었습니다.

기업은 기본적으로 이익이라는 성과를 내야 계속 존재할 수 있습니다. 하지만 그 성과가 올바른 문화에서 발생한 것이 아니라면 기업은 지속할 수 없습니다.

　　기업은 기본적으로 이익이라는 성과를 내야 계속 존재할 수 있습니다. 하지만 그 성과가 올바른 문화에서 발생한 것이 아니라면 기업은 지속할 수 없습니다. "한 사람을 오래 속일 수 있습니다. 많은 사람을 잠시 속일 수도 있습니다. 그러나 많은 사람을 오랫동안 계속 속일 수는 없습니다." 링컨 대통령의 충고입니다. 기업의 성과는 정직하고 지속 가능한 문화의 토대 위에서 나온 것인지 검증될 때 비로소 참의미가 있는 것입니다.

영업적자 6,000억 원, 시장점유율 2% 미만, 미수금 1조 원.

이런 회사에 CEO로 부임한다면 어떤 기분이 들까요? 참 답답하고 막막할 것입니다. 2003년 이 회사에 부임한 CEO는 문화를 바꾸기 시작했습니다. 회사는 현대카드입니다. CEO는 정태영 사장입니다. 그는 '디자인 중심', '직원 중심', '윤리 중심' 문화를 심기 시작했습니다.

당시 신용카드 디자인 개발 비용이 평균 20만 원이었다고 합니다. 정태영 사장은 1억 원을 투자해 현대카드M을 출시했습니다. 출시 1년 만에 가입 회원 100만 명을 넘어서 최종 800만 명이 현대카드M을 선택했습니다. 신용카드 단일 브랜드로는 국내 최고 기록이랍니다. 이후에도 세계적인 디자이너인 카림 라시드, 레옹 스탁 등에게 카드 디자인을 맡겼습니다. 어떤 사람에게는 디자인에 대한 투자가 허세로 보이고 다른 사람에게는 디자인 투자가 차별화된 성과로 보입니다.

2010년 9월 현대카드 사옥을 리노베이션할 때는 건물의 색을 현대카드의 색상으로 통일했으며 사무실 인테리어와 집기도 직원들의 동선과 행동 양식에 맞추었습니다. 책상 하나, 의자 하나까지도 직원들에게 맞추어 디자인했고, 벽면은 모두 화이트 보드로 만들어 직원들이 언제든 썼다가 지울 수 있게 했습니다.

직원 중심의 문화는 이러한 하드웨어에 그치지 않았습니다. 그는 카드 업계 최초로 사옥에 어린이집을 만들었습니다. 모두 친환경 자재를 사용했으며 스마트폰으로 실시간 상황을 볼 수 있게 했습니다. 직원들의 아침 식단 메뉴를 개선해 한식의 반찬 개수를 늘리고 양식 메뉴도 호텔 수준으로 유지했습니다. 보통 회사들의 점심시간이 12시부터 1시까지인 반면 현대카드는 11시 45분부터 1시 15분까지 여유 있게 운영해 직원들이 식당에서 줄을 설 필요가 없게 했습니다.

'제로 PPT(파워 포인트)' 캠페인을 벌여 보고를 위해 PPT 자료를 화려하게 만드느라 불필요하게 시간을 허비하는 것을 없애고 구두, 이메일, 워드를 이용해 핵심만 신속하게 보고할 수 있게 했습니다. 불필요하게 관행적으로 팀장 결재를 거쳐야 했던 명함이나 소모품 신청 등 10여 종의 업무 협조전을 없앴습니다. 의료비 지원 절차도 간소화해 의료기관에 진료 기록을 떼러 갈 필요 없이 국세청 연말정산 간소화 자료만 제출하도록 했습니다.

2006년 8월에는 사내외에서 모두가 깜짝 놀란 일이 발생했습니다. 하루아침에 한 팀의 팀장부터 팀원까지 전원 해고되어 팀 하나가 통째로 없어지는 사건이 발생한 것입니다. 해당 팀의 팀장과 팀원들이 협력업체로부터 백화점 상품권을 받았으며 술자리에서 부적절한 접대까지 받았다는 이유였습니다. 정태영 사장은 '윤리 중심' 문화를 위해 '3대 무관용 정책'을 추진하고 있었습니다. 고객 정보 보안, 담합 금지, 협력

업체 거래 투명성. 이 세 가지 원칙을 지키지 않는 직원은 누구라도 절대 관용을 허용하지 않는다는 정책이었습니다. 2014년 11월 한국윤리경영학회는 현대카드를 윤리경영 대상 수상 기업으로 선정했습니다.

현대카드의 매출은 2004년 17조 6,230억 원에서 2013년 74조 8,496억 원으로, 영업이익은 2004년 1,896억 원 적자에서 2013년 2,199억 원 흑자로 뛰었습니다. 문화는 대외적으로 착한 회사라는 것을 홍보하기 위해 형식적으로 유지해야 하는 대상이 아닙니다. 제대로 된 문화를 갖추면 돈을 훨씬 더 많이 벌 수 있습니다. 현대카드가 업계에서 2위라는 평가에 대해 정태영 사장은 말합니다.

"카드를 몇 개 더 팔았느냐가 중요하지 않다. 해외에서 현대캐피탈이 어떻게 성공할 수 있었겠나. 회사 조직을 글로벌하게 업그레이드했기 때문에 가능한 일이다. 기업의 가치관을 누가 더 많이 확산시켰나를 두고 평가하면 현대카드가 단연 1위다." (참고 : 〈포브스〉 2015년 2월 23일 자)

문화는 성과로 증명되어야 합니다. 성과로 나타나지 않고 기업의 이익을 줄게 만드는 문화는 진짜 문화가 아닙니다. 뭔가 잘못 운영되고 있는 것입니다. 문화는 사람의 마음에 자부심과 애사심을 심어 직원들이 스스로 일하게 합니다. 존중과 배려를 받은 직원들이 자신을 소중히 여기며 자신의 꿈을 이룰 터전이 되는 기업이 더 잘될 수 있게 모든 잠재력을 동원해 이익을 창출하고 지속 성장할 수 있도록 헌신하게 하는 것이 문화의 힘입니다.

- 퇴근할 때 눈치 보지 마요. 당당하게 퇴근해요.
- 회식을 강요하지 마요. 가고 싶은 사람끼리 자유롭게 놀아요.
- 실패를 두려워하지 마요. 도전은 우리의 것, 책임은 회사 대표의 것이에요.
- 대충 하지 마요. 디테일이 중요해요.
- 사무실에서만 일하지 마요. 때로는 카페에서도 일해요.
- 야근하지 마요. 우리에겐 휴식과 가족과 나누는 사랑이 힘이 돼요.

- 회의 중에 침묵하지 마요. 침묵은 부정이래요. 항상 말해 줘요.
- 서로에게 반말하지 마요. 서로 항상 존중해요.
- 슬금슬금 돌아앉지 마요. 함께 나눈 이야기 속에 좋은 아이디어와 창의성이 발현돼요.
- 다른 구성원이 힘들어하면 외면하지 마요. 이야기를 들어주고 토닥토닥 감싸 줘요.
- 뒤에서 이야기하지 마요. 눈을 맞추고 이야기해요.
- 사유와 공부를 게을리하지 말아요. 공동체의 의무예요.

SBS 스페셜 〈리더의 조건〉 다큐멘터리에서 파격적인 복지와 기업문화로 '한국의 구글', '꿈의 직장'으로 불렸던 회사 제니퍼소프트의 하지 말아야 할 33가지 중 일부입니다. CEO인 이원영 대표가 파주에 사옥을 짓고 다른 기업은 엄두도 내지 못하는 복지 프로그램을 하나씩 실행할 때 주변에서는 모두 '그러다 망한다.'고 충고했다고 합니다. 제니퍼소프트는 2007년 창업 후 4년 만에 매출 100억을 달성하고 2013년에는 26명의 직원이 130억의 매출을 올리며 계속 흑자를 내고 있습니다.

기업 문화가 직원들의 삶을 존중하고 직원들이 행복할 수 있도록 투자할 때 그것이 과도한 짓이라고 생각되는 이유는 사람에 대한 신뢰가 없기 때문입니다. 위에 제시된 꿈의 기업 제니퍼소프트의 하지 말아야 할 행동 항목들을 살펴보면 직원들이 각종 특권을 누리면서 자기 마음대로 생활하고 업무는 대충 해도 될 수 있는 것이 아니라는 사실을 알 수 있습니다. 근무시간이 자유롭고 사내에 수영장이 있으며 아이들이 함께 회사에 와서 놀아도 되는 혜택과 환경을 유지하기 위해서는 디테일에 강해야 하고 다른 직원들의 감정에도 관심을 가져야 하며 사유와 공부를 게을리해서는 안 되게 되어 있습니다. 사람이 스스로 모든 열정을 다해 일할 수 있을 때는 바로 존중받고 자율성을 인정받을 때라는 원리를 적용하고 있는 것입니다.

믿었던 사람에게 배신당한 경험, 성실하지 못한 직원들을 보면서 느꼈던 실망감 등이 경영자로 하여금 존중과 자율성의 기업 문화를 만드는 데 커다란 심리적 장애물이 되고 있는 것이 현실입니다. 하지만 그 트라우마를 넘어 사람을 신뢰하고 존중하는 문화를 구현해 세계 최고의 수익을 달성하고 있는 기업도 많은 것이 사실입니다. 성과에 대한 두려움으로 멋진 문화를 만들어 내는 것을 두려워하는 대신 성과와 문화를 함께 구현하는 경영을 선택할 때 경영자로서의 진정한 보람을 경험할 수 있을 것입니다.

1,000년을 지속할 위대한 기업의
일상 속 기업 문화

　　박 부장은 반려동물 사료를 만드는 회사의 마케팅 책임자입니다. '쉬바'라는 프리미엄 등급의 고양이 사료를 론칭할 때 일입니다. 첫 번째 회의에서 그는 제품의 가능성을 크게 보고 모든 유통 채널에서 공격적으로 출시할 것을 주장했습니다. 그러나 동료들은 아직 검증되지도 않은 제품을 그렇게 무리하게 펼치면 문제가 발생할 수 있으니 일부 채널에서 먼저 테스트해 보고 추이를 지켜보면서 추진하자고 했습니다. 회사 대표도 동료들과 같은 생각이었습니다. 1차 회의에서는 박 부장의 의견이 받아들여지지 않았습니다.

　　그러나 박 부장은 담당자로서 쉬바 제품에 대한 확신이 있었습니

회사 대표와 동료들의 반대에도 불구하고 자신의 의견대로 밀고 나가는 것은 개인적으로 큰 위험 부담을 떠안는 일입니다. 만일 일이 잘못되면 모든 책임을 혼자서 져야 하기 때문입니다.

다. 쉬바는 이미 일본에서 인기 있는 브랜드였으며 한국 소비자들도 온라인으로 직접 구매하거나 일본에서 사 올 정도로 인지도가 있는 상품이었습니다. 그는 1차 결정에 포기하지 않고 동료들을 계속 설득했습니다. 신규 브랜드가 조금이라도 더 소비자의 눈에 잘 띄고, 많이 팔려야 성공 가능성이 높아지니 모든 채널에 다 출시하자고 계속 이야기했습니다. 결국 박 부장의 의견은 채택되었고 쉬바는 기대를 뛰어넘는 성장 브랜드가 되어 회사의 실적에 크게 기여할 수 있었습니다.

사실 박 부장이 회사 대표와 동료들의 반대에도 불구하고 자신의 의견대로 밀고 나가는 것은 개인적으로 큰 위험 부담을 떠안는 일입니다. 만일 일이 잘못되면 모든 책임을 혼자서 져야 하고 성공하더라도 무슨 큰 인센티브가 있는 것도 아니기 때문입니다. 박 부장이 그렇게까지 했던 것은 여러 데이터에 근거해서 제품에 대한 확신이 있었고 신규 브랜드의 성공이 회사에도 크게 도움이 될 것이라는 믿음이 있었기에 소신껏 밀어붙인 것입니다. 또 그러한 과정이 개인의 이익을 위한 것이 아니라는 것을 회사의 대표나 동료들도 알고 있다는 신뢰가 있었기 때문입니다.

박 부장의 이러한 행동은 회사에서 월급 받고 다니는 직원들의 일반적인 모습은 아닙니다. 자신 외에는 모두가 반대하고 더구나 사장까지 반대하는 일을 직원이 추진하는 일은 보통 회사에서는 거의 있을 수 없습니다. 그런 행동은 반드시 이익을 내야 하는 자기 사업을 하는 사람에게나 가능한 일일 것입니다. 박 부장도 원래 그런 태도로 일했던 사람은 아니었습니다.

7년 동안 근무했던 이전 직장에서 그는 지금처럼 스스로 나서서 일하지는 못했습니다. 대기업에서 하루하루 기계의 부속품처럼 돌아가는 생활을 정리하고 해외 MBA를 마치고 이 회사에 입사한 것입니다.

박 부장이 새로 입사한 회사는 참 독특해서 처음에는 그도 잘 적응이 되질 않았습니다. 일단 여기서는 서로를 부를 때 직급을 부르지 않습니다. 각자 만든 영어 이름을 부릅니다. 사장님도 그냥 '조셉'이라고 부릅니다. 보통 직장인들에게 월요일 아침 첫 회의는 정말 지옥 같은 시간입니다. 일주일의 압박감을 알리는 신호탄이기 때문이지요. 하지만 이곳에서는 월요일 아침이 가장 편안하고 즐거운 시간입니다. 회의라고 하지도 않고 그냥 '모닝 카페'라고 부릅니다. 구성원들이 한곳에 모이면 업무 이야기를 하는 것이 아니라 지난 주말에 무엇을 했는지, 어디를 다녀왔는지, 어떤 영화가 재미있는지, 자녀들은 잘 지내는지 이런 대화를 나누며 웃음꽃을 피웁니다. 이것을 사내 용어로 '체크인'이라고 합니다. 체크인을 마치고 업무 이야기가 시작되면 막상 회의 시간은 얼마 걸리지도 않습니다. 이미 모두 알고 있는 내용들이라 간단히 서로 확인만 하면 되기 때문입니다. 회의 자료도 특별한 사항이 아니면 따로 만들지 않습니다. 그냥 워드나 엑셀 등 자신이 가지고 있는 자료를 그대로 보면서 대화를 나눕니다.

업무는 대표나 상사가 일방적으로 지시하는 것이 아니라 담당자가 자신의 의견을 올리면 조언을 받는 식으로 이루어집니다. 상사는 먼저 지시하는 법이 없습니다. 항상 담당자의 업무 추진 방향과 계획을 구체적으로 다 듣고 문제가 있을 법한 부분에 대해서 조언을 하고 토의를 거친 후 담당자를 격려해 줍니다.

회사는 모든 의사 결정에서 회사의 5가지 원칙을 적용해서 방향과 방침을 결정합니다. 5가지 원칙은 우수성, 책임, 상호성, 효율성, 자유입니다. 우수성이란 제품의 품질뿐만 아니라 업무의 모든 면에서 탁월성을 추구한다는 의미입니다. 책임은 자신의 행동에 총체적 책임을 지는 것 이외에 동료나 팀원이 책임을 다할 수 있도록 지원하는 것까지 포함합니다. 상호성은 우리와 관계된 모든 대상, 즉 직원, 고객, 협력업체, 대리점뿐 아니라 공동체, 정부, 농민, 심지어 경쟁사까지 모두와 이익을 공유해야 한다는 것입니다. 공유된 이익만이 지속 가능하다는 믿음에서 나온 것입니다. 효율성은 자원을 최대로 낭비하지 않으며 우리가 잘할 수 있는 것만 한다는 원칙입니다. 자유는 건강한 재정적 자유를 통해 우리의 가치를 추구할 수 있는 선택권을 가지는 것을 말합니다.

모든 직원은 일상 업무에서 자신이 하는 선택과 행동이 이 원칙에 맞는지 스스로 평가합니다. 회사의 미팅에서는 수시로 이 5원칙이 적용된 사례를 공유하며 사소한 것을 결정할 때도 원칙에 위배되지 않는지 토의를 거칩니다. 이 회사의 초콜릿 제품은 지나치게 겹겹이 포장하거나 과대 포장을 하지 않습니다. 다른 회사들이 겉으로 더 커 보이게 제품을 포장할 때도 회사는 포장 방식을 바꾸지 않았습니다. 한 번 뜯고 버려질 포장지에 자원을 낭비하지 않기 위해서입니다. 효율성이라는 원칙을 고수하는 것입니다. 또한 코코아 경작법을 연구해 코코아 원료를 생산하는 서아프리카, 중남미, 인도네시아 농가들에 보급해 그들의 소득이 증가할 수 있도록 했습니다. 주위에서는 회사가 코코아 농장을 직접 운영하면 더 큰돈을 벌 수 있을 것이라고 했지만 그렇게 하지 않습니다. 상호성의 원칙에 따라 회사와 관계된 이들의 이익을 보호하는 것이 지속 가능한 경영이라고 보기 때문입니다.

이 회사는 연 매출 35조 원의 글로벌 기업으로서 〈포춘〉지가 세계에서 일하기 좋은 100대 기업으로 선정한 '마즈'입니다. 위에 나온 박 부장 스토리는 이 마즈코리아에 근무하는 박정욱 부장의 실제 이야기가 소개된 《MARS WAY》의 내용을 참고해 정리한 것입니다. 마즈코리아의 대표였던 김광호 사장님을 DID 토요 저자 특강에 초청해 강의를 듣고 대화를 나눈 적이 있습니다.

"현실적으로 경영자들은 기업의 수익을 내기에도 바쁜 실정이라 기업의 가치와 원칙을 적용하며 직원들을 이끄는 것은 쉽지가 않을 텐데 사장님께서는 그것을 어떻게 해내신 것인가요?"라고 물었습니다. 김 대표님은 웃으면서 대답했습니다.

"사실 저도 아주 수직적인 문화를 가진 기업에 있다가 와서 처음에는 적응하기 힘들었습니다. 하지만 권위를 내려놓고 구성원들과 영어 이름을 부르며 편하게 대화를 하니 오히려 훨씬 소통도 잘되고 일의 성과도 좋았으며 모두가 행복감을 느낄 수 있었습니다. 우리는 작

은 일에 대한 결정을 할 때도 이 결정이 우리의 5대 원칙에 맞는지 서로 질문하고 대화를 합니다. 대리점 영업 정책을 정할 때도, 렌터카 업체를 선정할 때도, 직원을 뽑을 때도, 출퇴근 시간을 정하는 문제도 모두 원칙을 기준으로 결정합니다. 그러다 보니 자연스럽게 회사에서 일어나는 모든 일이 원칙을 중심으로 돌아갑니다. 구성원들은 자신의 분야에서 스스로 정한 목표를 달성하기 위해 주어진 권한이 있으며 그 권한을 원칙에 맞게 행사할 때 상사의 눈치를 볼 필요가 없습니다. 이렇게 스스로 결정하고 행동하는 구성원들이 보람과 책임감을 느끼며 업무에 몰입하니까 회사의 성과가 자연스럽게 좋아지는 것이지요."

마즈는 1911년 창립되어 지금까지 104년 동안 성장해 왔습니다. 한 기업이 100년을 넘어 지속적으로 성장해 올 수 있었던 것은 시간과 지역과 사람을 뛰어넘는 탁월한 가치와 원칙이 있었기 때문입니다. 그리고 그 가치와 원칙이 액자 속에 정중히 모셔져 있는 것이 아니라 구성원들의 일상 언어와 표정, 행동에서 자연스럽게 나타났기에 가능한 것이었습니다.

사람의 마음을 움직이는 작지만 진실한 가치들이 구성원들의 마음과 행동 속에 깊이 자리 잡아 위대한 일상 속 기업 문화로 구현될 때 1,000년을 넘어 지속 가능한 위대한 기업이 될 수 있을 것입니다.

에필로그

"쪽팔리는 게 싫었습니다. 내 자신의 장점보다는 단점에 집중해 실수할까 봐 제대로 된 시도를 하지 못했습니다. DID 강연 코칭 두 번째 수업을 받으며 내 안에 내가 인지하지 못한 탁월함이 있다는 걸, 송수용 강사님이 그걸 꺼내 찬란히 빛나도록 도와주시리란 걸 확신합니다.

나를 비판적인 시선이 아닌 무한 긍정과 격려의 시선으로 바라봐 주는 내 동료 강사님들이 내게서 쪽팔림의 두려움을 가져가셨습니다. 여러분이 있기에 천천히 느리게 가도 속도에 상관없이, 꼴찌여도 상관없이 언젠가는 내가 탁월한 강사, 청중에게 기쁨과 감동을 주는 강사가 되어 있을 것임을 믿습니다.

지난 시간 지독히도 내 발목을 잡고 나를 괴롭힌 슬럼프를 떨치고 내가 몰랐던 나, 잠시 잊고 있었던 나를 되찾기 위해 힘차게 전진합니다. 감사하고 감사합니다."

제가 시작한 DID 강연 코칭 1기 수강생 중 한 분이 두 번째 코칭 시간을 마치고 보내온 소감입니다. 코칭 시간에 참여하신 강사님들이 약 7분씩 강연을 하도록 했습니다. 그리고 강연을 듣는 분들에게는 강연의 장점만 찾아서 기록하고 피드백을 하도록 요청했습니다. 강연을 듣는 사람들은 강연이 끝나면 장점을 피드백해 주어야 하므로 강연 듣는 내내 집중해서 실제 장점을 찾기 위해 애를 썼습니다. 강연이 끝나고 강사에게 청중 한 명 한 명이 본인이 느꼈던 장점에 대해 구체적으로 이야기해 주기 시작하자 강사의 얼굴에는 저절로 웃음이 피어났습니다. 청중이 이야기하는 장점은 억지로 꾸며 낸 것이 아니라 실제로 강의하는 동안 강사가 보여 준 모습에 대한 것이었습니다.

말솜씨가 부족한 강사는 자신이 말을 잘 못한다는 부담감으로 늘 힘들어하고 있었는데 청중이 자신의 진정성과 편안함 그리고 자연스러운 강의 능력을 알아봐 주고 칭찬해 주자 깜짝 놀랐습니다. 강의 내용이 다소 빈약했던 강사는 크고 당당한 목소리와 자신감 있는 태도, 미래의 발전 가능성이 크다는 칭찬을 듣자 진심으로 기뻐했습니다. 결국 강연 전에는 자신의 단점에만 집중하며 움츠러 있던 강사들이 강연 후에 자신의 장점에 대해 여러 명으로부터 구체적으로 인정을 받고 칭찬을 듣게 되자 자존감과 자신감이 확 살아나면서 진짜로 자신이 훌륭한 강사가 될 수 있다는 확신과 비전을 가지게 되었습니다.

리더가 해야 하는 여러 일들 중에 가장 중요한 일은 구성원들이 자존감과 자신감을 회복하고 자신 안에 숨어 있는 탁월성을 찾아 과감하게 도전하도록 동기를 부여하며 그 환경을 만들어 주는 것입니다. 리더가 그렇게 할 수 있기 위해서는 자신이 먼저 그런 경험을 가지고 있어야 합니다. 리더 자신이 먼저 과거의 상처와 원망, 분노에서 벗어나 힐링이 되고 자신의 내면에 잠자고 있던 탁월성을 찾아내 개발한 경험을 가지고 있으면 리더는 저절로 그 경험을 전하고 싶은 강한 동기를 갖게 됩니다. 저는 그러한 리더를 '힐링 리더'라고 부릅니다. 이 세상에 많은 힐링 리더가 배출되어 세상이 더 편리하고 화려해질 수 록 황폐해져 가는 마음 때문에 힘들어하는 사람들에게 빛과 소금의 역할을 할 수 있기를 소망합니다.

참고문헌

김광호 · 김종복(2014), 《마즈 웨이 Mars Way》, 이와우
김영식(2013), 《10미터만 더 뛰어봐!》, 21세기북스
김종수(2014), 《부스터!》, 클라우드나인
김형식(2007), 《희망의 대통령 루즈벨트》, 지구문화사
김혜남 인터뷰 기사, 〈조선일보〉, 2015. 3. 21.
다니엘 골먼 · 리처드 보이애치스 · 애니 맥키(2003), 《감성의 리더십》, 청림출판
대니얼 패트릭 포레스터(2012), 《빌게이츠는 왜 생각주간을 만들었을까?》, 토네이도
마티 파커(2013), 《위대한 기업을 만드는 힘, 컬처 커넥션》, 재승출판
박태현(2012), 《팀으로 일하라》, 시그마북스
박현모(2014), 《세종처럼》, 미다스북스
안계환(2014), 《변화 혁신, 역사에서 길을 찾다》, 대림북스
오니시 야스유키(2013), 《이나모리 가즈오 1,155일간의 투쟁》, 한빛비즈
유성룡 저, 김홍식 역(2014), 《징비록》, 서해문집
장옌(2014), 《알리바바 마윈의 12가지 인생강의》, 매일경제신문사
정혁준(2013), 《유한킴벌리 이야기 : 착하면서 강한 기업》, 한스미디어
진수 테리(2007), 《편을 잡아라》, 김영사
커트 센스케(2005), 《영혼을 움직이는 리더》, 황금부엉이
캐빈 & 재키 프라이버그(2008), 《NUTS! 사우스웨스트 효과를 기억하라》, 동아일보사
케빈 로버츠(2007), 《러브마크 이펙트》, 서돌
토니 셰이(2010), 《딜리버링 해피니스》, 북하우스
톰 피터스 · 로버트 워터맨(2005), 《초우량 기업의 조건》, 더난출판
피터 드러커(2005), 《실천하는 경영자》, 청림출판
헤더 레어 와그너(2008), 《열등감을 희망으로 바꾼 오바마 이야기》, 명진출판사
H. 폴 제퍼스 · 앨런 액설로드(2011), 《전쟁 영웅들의 멘토, 천재 전략가 마셜》, 플래닛미디어

CEO를 위한 경영철학 도서

손정의 참모

리더는 어떤 정신으로 기업을 이끌어야 하는가!

'풋내기 벤처 소프트뱅크'를 졸업하고 영업이익 1조 엔을 달성하며 '어른스러운 소프트뱅크'가 되기까지, 8년이 넘는 3,000일 동안 손정의 회장을 보좌했던 기록을 담았다. 현재의 소프트뱅크가 있기까지 손정의의 기업가정신과 리더십을 깊이 있게 다루어 '300년 존속 기업'으로 키우겠다는 손 회장의 야망과 결단력을 살펴볼 수 있다. 손정의 회장의 최측근인 비서실장이 옆에서 직접 경험하고 소통하고 실현했던 모습을 담았기에 더욱더 손정의 회장의 진면모를 느낄 수 있다. 리더를 꿈꾸는 독자들에게 손정의 회장의 메시지를 전하여 조직의 미래를 내다보고 강한 결의로 사람을 이끄는 글로벌 리더가 되기를 기원한다.

시마 사토시 지음 | 정문주 옮김 | 468쪽 | 신국판 | 값 20,000원

결핍이 만든 성공

결핍을 극복한 세이펜 김철회 대표의 기업가정신

인생의 반전 드라마는 남보다 특별한 능력을 가지고 있는 사람이 만들어내는 게 아니다. 희망보단 절망과 좌절로 가득 찬 삶을 살았던 세이펜 김철회 대표는 부도가 나서 감옥까지 가게 되는 엄청난 실패 속에서도 남들보다 훨씬 더 많이 노력해야 한다는 절실한 마음가짐으로 주어진 역경을 극복했다. 세이펜을 개발해 커다란 성공을 이룬 후에는 자기 자신뿐만 아니라 주변 사람들과 성공을 나누고 기부하는 '나눔'을 실천하고 있다. 오늘보다는 내일 더 멋지게 성장하는 사람, 돈 많이 번 사람보다는 멋진 인생을 즐기는 사람, 교육 분야에서 왕성한 사업가로서 생명이 다하는 날까지 끊임없이 움직이며 활동하고 싶은 게 그의 꿈이다.

김철회 지음 | 292쪽 | 신국판 | 값 18,000원

화웨이의 위대한 늑대문화

화웨이의 놀라운 성공신화! 그 중심에 늑대문화가 있다!

지난 20여 년간 화웨이가 성공할 수 있었던 비결은 도대체 무엇일까? 어떻게 해서 계속 성공을 복제할 수 있었을까? 화웨이의 다음 행보는 무엇일까? 화웨이의 68세 상업사상가, 마흔을 넘긴 기업 전략가 10여 명, 2040세대 중심의 중간 관리자, 10여만 명에 달하는 2030세대 고급 엘리트와 지식인이 주축이 된 지식형 대군이 전 세계를 누빈다. 전통적인 기업 관리 이론과 경험은 대부분 비지식형 노동자 관리에서 비롯했다. 이제 인터넷 문화 확산이라는 심각한 도전 앞에서 지식형 노동자의 관리 이론과 방법이 필요하다. 이를 꿰뚫은 런정페이의 기업 관리 철학은 당대 관리학의 발전에 크게 이바지했다.

텐타오, 우춘보 지음 | 이지은 옮김 | 452쪽 | 4×6배판 | 값 20,000원

조선부자 16인의 이야기

역사로 통찰하는 조선시대 부자 비결!

부富를 축적하고 증식하기 위해서는 뚜렷한 목표가 있어야 한다. 돈을 버는 부자는 결코 결심이나 뜻으로 되는 것이 아니라 실행과 노력으로 이루어진다. 또한 부富는 이루기도 어렵지만 지키기는 더 어렵다. 부富가 완성되려면 축적, 증식, 분배의 세 요소가 어우러져 있어야 한다. 이 책에는 뜻을 세우고 실천하는 조선의 부자, 즉 자수성가한 부자들의 삶과 철학을 담았다. 이렇게 소개된 조선시대 부자 16인의 이야기를 바탕으로 옛 선인들의 철학과 삶의 지혜를 본받아 현시대의 부의 철학을 다시 바로잡고, 역사 속 실존 인물들의 이야기를 통해 자신의 삶에 접목한다면 한국판 노블리스 오블리제를 실천할 수 있을 것이다.

이수광 지음 | 400쪽 | 신국판 | 값 18,000원

돈 버는 사장 못 버는 사장

돈 버는 사장에겐 공통점이 있다!

돈을 못 버는 이유를 불경기 탓으로 돌리지 않았는가? 이윤추구보다는 더불어 사는 사회를 만들기 위해 조금만 벌고 있다고 둘러대진 않았는가? 기업의 목적은 이윤창출이다. 사장은 본인의 회사와 사원들을 위해 돈을 많이 벌 수 있는 시스템을 만들어야 한다. 이 책은 돈 버는 사장이 될 수 있는 습관을 총 6장으로 분류하고, 돈 버는 사장과 못 버는 사장의 특징을 담은 50개의 키워드로 정리하였다. 현재 자신의 실수나 오류를 스스로 점검하고 돈 버는 사장으로 변화할 수 있는 방법을 일러스트를 포함한 구성으로 보다 쉽게 이해할 수 있도록 명쾌하게 제시한다.

우에노 미쓰오 지음 | 정지영 옮김 | 김광열 감수 | 260쪽 | 신국판 | 값 17,000원

부의 얼굴, 신용

역사에서 통찰하는 선인들의 성공 비결, 신용 처세술!

무형의 재산으로 유형의 재산을 넘나드는 파급력을 지닌 '신용'. 대대손손 부를 부르는 사람들에게는 남과 다른 신용이 있었다. 역사소설의 대가 이수광 작가가 오랫동안 축적해온 방대한 역사적 지식에 신용을 접목한 이 책은 눈앞의 이익에 눈이 멀어 속임수를 쓰지 말라는 메시지와 함께 책임 있는 언행이 인격의 뿌리가 되어야 한다고 강조하고 있다. 현대를 사는 독자들이 구한말 조선 최고의 부자이자 무역왕으로 군림했던 '최봉준', 한나라의 전주 '무염' 등 역사 속 실존인물들이 신용을 발판으로 성공한 이야기를 가슴에 담고 신용을 생활화함으로써 '인복人福' 과 '부富' 를 부르는 귀인貴人이 되기를 기원한다.

이수광 지음 | 352쪽 | 신국판 | 값 16,500원

대한민국 기업/병의원을 위한 컨설팅 도서

대한민국 CEO를 위한 법인 컨설팅 1, 2

CEO가 꼭 알아야 할 법인 컨설팅의 모든 것!

10년 가까이 현장에서 배우고 쌓은 저자의 노하우를 더 많은 고객들과 공유함으로써 그들의 고민을 해결하기 위해 출간되었다. 2권으로 나누어진 이 책의 1권에는 기본 이론과 내용들이, 그리고 2권에는 구체적인 실행전략과 아이디어들이 담겨 있다. 증여, 지분 이전, 부동산 및 금융자산의 운용, 명의신탁, 가업승계, 인사노무관리 등 풍부한 현장 경험 사례를 통해 구체적인 전략을 제시함으로써 이제는 CEO들이 제대로 평가받고, 제대로 된 기업으로 성장시켜 지속기업으로 발전할 수 있도록 지원하고자 한다. 기업이 성장함에 따라 겪게 될 문제들을 미리 알고 철저히 대비한다면 세금 폭탄 같은 날벼락은 피해 갈 수 있을 것이다.

김종완 지음 | 1권 288쪽 · 2권 376쪽 | 신국판 | 각 권 20,000원

대한민국 창업자를 위한 외식업 컨설팅

글로벌다이닝그룹 이준혁 대표의 외식 창업의 모든 것!

삼성, 현대 등 대기업 외식사업팀을 이끌었고, 300여 점포 이상을 경영, 기획하며 30여 년간 오직 외식업 한길만 걸어온 저자는 외식업에 뛰어들어 좌절하는 창업자들의 고통에 함께 공감하고 조금이나마 구제하고 싶은 심정으로 《대한민국 창업자를 위한 외식업 컨설팅》을 집필하였다. 이 책은 창업 준비부터 업종, 입지 선정, 인테리어, 마케팅, 종업원 관리, 상품 관리까지 창업 노하우와 반드시 알아야 할 정보를 구체적으로 다루고 있다. 또한 저자가 직접 컨설팅했던 업체의 실전 사례들과 문제점과 해결방안도 제시하였다. 한방에 성공하려는 대박식당을 창출하기보다 폐업의 리스크를 줄이는 데 초점을 맞추었다.

이준혁 지음 | 268쪽 | 신국판 | 값 18,000원

대한민국 기업/병의원을 위한 컨설팅 도서

기업가치를 높이는 재무관리

기업의 가치와 신용평가는 재무관리에서 비롯된다!

정보화 사회로 변화해가면서 신용사회라고 할 만큼 신용평가에 관한 관심이 점차 커지고 있다. 국가 신용등급의 등락이 그 나라의 채권가격뿐만 아니라 경제에도 많은 영향을 미치고, 기업에 대한 신용평가는 기업의 여신 규모와 금리에 영향을 주기 때문이다. 이 책은 산업현장에서 CEO와 자금담당 임원, 직원들이 경영활동을 하면서 겪게 되는 재무관리와 관련된 애로사항이나 궁금한 점을 다양한 사례를 바탕으로 쉽게 풀어놓았다. 또한 기업경영에 실질적으로 접목할 수 있도록 기업의 가치를 극대화하고 안정적인 성장기반을 갖춘 강한 기업으로 거듭날 수 있도록 스토리를 전개하였다.

이진욱 지음 | 416쪽 | 4×6배판 | 값 25,000원

병의원 만점세무

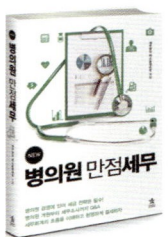

병의원의 성공은 세무 회계에 달려 있다!

병의원을 운영하는 대부분의 경영자들은 다른 부분은 비교적 철저하게 관리하면서도 의외로 세금 문제에 부딪히게 되면 어려움을 겪는다. 이 책은 병의원 경영자들의 세무 관련 고민을 조금이라도 덜어주고자 병의원 컨설팅 전문 세무법인인 택스홈앤아웃의 전문적인 컨설팅 노하우를 담고 있다. 개원 준비부터 세무 조사, 세테크에 이르기까지 병의원 운영에 필요한 전반의 세무 문제를 다루고 있으며, 각 챕터마다 합리적인 세무 관리를 위해서 경영자는 어떻게 대처해야 하는지를 병의원의 사례를 들어 자세히 설명하고 있다. 또한 해당 사례를 일러스트로 표현하여 좀 더 쉽게 이해할 수 있도록 했다.

세무법인 택스홈앤아웃 지음 | 404쪽 | 신국판 | 값 20,000원

상속·증여 만점세무

소중한 자산의 대물림, 합법적으로 절세하고 현명하게 대비하자!

상속세와 증여세는 어느 정도 재산이 있는 사람이라면 누구나 해당되는 세금으로서 우리 생활과 밀접하게 관련되어 있다. 그리고 수익이나 소득이 아닌 재산 가치를 기준으로 세금을 부과하기 때문에 세금에 대한 부담감이 높아서 납세자뿐만 아니라 예비납세자의 관심과 문의가 많은 세금이다. 이 책은 평상시에 세금과 별로 관계없이 지내는 보통 사람들도 한 번쯤은 겪게 되는 사례들을 모았다. 또한 상속·증여와 관련된 세금에 의문이 있거나 세금 문제에 대비하고자 하는 예비납세자에게 유용한 길잡이로 활용되고, 나아가 상속세와 증여세에 대한 인식을 새롭게 하고 정확하고 합리적으로 납세하는 데 도움이 되고자 집필되었다.

세무법인 택스홈앤아웃 지음 | 420쪽 | 신국판 | 값 22,000원

대한민국 국민을 위한 인생 컨설팅 도서

킬링 리더 vs 힐링 리더

당신은 킬링 리더인가 힐링 리더인가?

저자는 기업에서 리더십과 관련해 많은 강의를 하면서 다양한 리더들과 만났다. 그런데 과거의 패러다임에 얽매여 조직을 위험에 빠뜨리면서도 정작 자신은 그 심각성을 인지하지 못하고 있는 킬링 리더들을 많이 보았다. 이 책에는 리더를 크게 '킬링 리더'와 '힐링 리더'의 두 가지로 구분하고 스스로 힐링을 경험하여 리더에 이르는 '셀프 힐링', 최강의 팀으로 거듭나기 위한 '팀 힐링', 위대한 기업을 구현하게 만드는 '컬처 힐링' 등을 소개하고 있다. 또한, 다양한 사례를 통해 조직과 공동체의 발전을 위해 헌신하고 있는 리더들에게 현장에서 쉽게 이해하고 바로 적용할 수 있도록 방법을 제시하고 있다.

송수용 지음 | 284쪽 | 신국판 | 값 17,000원

백인천의 노력자애

한국 프로야구의 전설, 백인천의 리더십

한국 프로야구 불멸의 타율 4할, 백인천의 인생철학과 그가 새겨놓은 프로야구의 역사를 책 한 권에 담았다. 반평생을 오직 야구 인생으로 살아온 백인천의 발자취를 돌아보면서 야구와 건강 두 마리 토끼를 쟁취하기 위해 혹독한 훈련을 견딘 불멸의 4할 타자, 백인천의 이름이 프로야구의 전설로 남아있게 된 것이다. 이 책은 총 10장으로 구성되었으며 백인천 감독이 야구와 같은 인생을 살았듯 이 책의 콘셉트 역시 야구 경기처럼 1회 초부터 9회 말과 연장전 그리고 하이라이트 순으로 이어진다. 야구 프로에서 건강 프로가 되기까지 백인천 감독의 인생을 통해 독자 여러분도 인생의 진정한 프로로 거듭나기를 희망한다.

백인천 지음 | 388쪽 | 신국판 | 값 20,000원

논어로 리드하라

여성 리더로 성공을 꿈꾼다면 지금 당장 《논어》를 펼쳐라!

현대는 강하고 수직적인 남성적 리더십보다 감성적이고 관계지향적인 여성적 리더십을 요구하는 사회로 변화하고 있다. 이러한 변화를 입증하기라도 하듯 한국에서는 사상 최초로 여성 대통령이 탄생했다. 국제적으로는 미국 국무부장관 힐러리 클린턴, 세계적으로 영향력 있는 여성 방송인 오프라 윈프리, 독일의 메르켈 총리 등 수많은 여성 리더들이 있다. 따뜻한 리더십으로 무장한 여성 지도자들의 공통점은 인생에서 중요한 가치를 깨닫고 더 나은 자신이 되기 위해 철학책과 고전을 많이 읽으면서 내면을 수양했다는 것이다. 쉽게 풀어쓴 논어를 가까이하여 더 많은 여성이 우리나라뿐 아니라 세계를 리드하기 바란다.

저우광위 지음 | 송은진 옮김 | 344쪽 | 신국판 | 값 18,000원

어둠의 딸, 태양 앞에 서다

초라한 들러리였던 삶을 행복한 주인공의 삶으로!

세계적인 베스트셀러 《시크릿》의 주인공 밥 프록터의 유일한 한국인 제자인 조성희의 첫 번째 에세이집. 스스로 어둠의 딸이었다고 할 정도로 어려운 환경에서 마인드 교육을 통해 변화한 저자의 진솔한 이야기가 담겨 있다. '어둠'을 '얻음'으로 역전시키는 그녀만의 마인드 파워는 고뇌에 찬 결단과 과감한 도전정신으로 만들어낸 선물이다. 누구나 생각하는 대로 인생을 멋지게 살 수 있다. 어떻게 목표를 세우고, 어떤 생각을 하고, 무슨 꿈을 꾸느냐에 따라 인생은 달라진다. 꿈이 없어 짙은 어둠의 터널 속에서 절망을 먹고사는 사람들뿐만 아니라 심장이 뛰는 새로운 돌파구를 찾으려는 모든 사람에게 중독될 수밖에 없는 필독서다.

조성희 지음 | 404쪽 | 신국판 | 값 18,900원

나만 나처럼 살 수 있다

이제 나는 말한다, '나만 나처럼 살 수 있다'고

이제 나는 말한다, '나만 나처럼 살 수 있다'고 누구나 살면서 두 번, 세 번, 아니 수도 없이 쓰러진다. 이때 가장 필요한 것은 다시 일어설 수 있는 힘이 다. 그런데 안타까운 것은 많은 사람들이 이 힘을 보지 못한다는 점이다. 털어버릴 힘, 자신감, 자존감, 긍정적 가치관, 공동체를 지향하는 신념, 자아 정체성, 나를 조절할 수 있는 힘, 타인과의 소통이 세상을 살아가는 힘이다. 세상의 기준으로 보면 내세울 것 없는 사람이라도 '내 안의 행복'을 찾으면 비로소 나는 나 답게 살 수 있다. 이 한 권의 책이 누군가에게 꼭 필요한 지침서가 되고, 영혼까지 깊이 웃게 해주는 삶의 돌파구가 되기를 희망한다.

이요셉 · 김채송화 지음 | 372쪽 | 신국판 | 값 18,000원

대한민국 국민을 위한 인생 컨설팅 도서

황태옥의 행복 콘서트
웃어라!

웃음 컨설턴트 황태옥의 행복 메시지, 세상을 향해 웃어라!

웃음 전도사로 유명한 저자가 지난 10년간 웃음으로 어떻게 인생을 다시 살게 되었는지 진솔하게 풀어낸 책이다. 암을 극복하고 웃음과 긍정 에너지로 달라진 그녀의 삶을 보면서 함께 변화를 추구한 주변 사람들의 사례는 물론 10년간의 삶의 흔적이 고스란히 담겨 있다. 독자들이 이 책을 읽고 삶을 업그레이드해 생활 속에서 행복 콘서트의 주인공이 될 수 있는 힘을 얻기를 희망한다. 또한 웃음을 통해 저자를 능가하는 변화된 삶을 살기를 바란다. "한 번 웃으면 한 번 젊어지고 한 번 화내면 한 번 늙는다(一笑一少一怒一老)"는 말이 있듯이 행복지수를 높여 삶을 춤추게 하고 싶다면 바로 지금 세상을 향해 웃어라!

황태옥 지음 | 260쪽 | 신국판 | 값 17,500원

니들이 결혼을 알어?

결혼이라는 바다엔 수영을 배운 후 뛰어들어라!

결혼은 액션이다! 아무런 행동도 하지 않고 막연히 앉아서 행복하길 기다리는 사람들의 결혼은 그 자체로 불행한 일이다. 이 책은 이병준 심리상담학 박사와 그의 아내이자 참행복교육원에서 활동하고 있는 공동 저자 박희진 실장이 상담현장에서 접한 생생한 사례를 토대로 하고 있다. 기혼자들과 결혼 판타지에 빠진 청춘에게 '꼭 해주고 싶은 말'을 읽기 쉬운 스토리 형식으로 담았다. 대부분 경고 수준의 문구지만 결혼식 준비는 철저하게 하면서 결혼준비는 소홀히 하는 이들에게 결혼의 중요성을 일깨워준다. 늘 머리에 '살아? 말아?'를 넣어 두고 살아가는 이들에게 '까짓 살아보지 뭐!'라며 툴툴 털고 일어서게 하는 힘을 줄 것이다.

이병준 · 박희진 지음 | 380쪽 | 신국판 | 값 18,000원

미래 인사이트 도서

거대한 기회

창조 지능 리더십을 선사할 '거대한 기회'를 잡아라!

세상이 짧은 시간에 급격하게 변하고 있다. 난공불락의 요새도 없고 절대적 강자도 없다. 이러한 시대에 살아남으려면 유연하게 변화하고 창조해야 한다. 현대의 리더는 변화의 큰 흐름을 읽고 거기서 기회를 포착해야 한다. 불꽃이 아니라 불길을 보아야 하고, 물결이 아니라 물살을 보아야 한다. 이 책은 리더들에게 시대의 흐름을 한눈에 보여주고자 불확실한 미래에 접근하는 방법을 다양하게 제시하고 있다. 남보다 더 넓게 보는 안목을 키우고 패러다임을 자기만의 방식으로 삶과 비즈니스에 접목함으로써 더욱 큰 사회공동체와 인류공동체를 위해 공헌하는 창조의 마스터가 되어보자.

김종춘 지음 | 316쪽 | 신국판 | 값 18,500원

잡job아라
미래직업 100

변화 속 거대한 미래직업의 흐름을 주시하라!

미래에는 로봇 혁명을 통해 전혀 새로운 일자리와 노동 시장이 만들어질 전망이다. 인간을 채용하는 대신 새로 개발된 기계를 활용하고 3D 프린팅, 무인차, 무인기, 사물인터넷, 빅데이터 등 시대의 패러다임을 바꿀 기술들이 노동 시장을 뒤흔들 것이다. 이 책은 이러한 문제점에 접근하기 위해 미래 노동 시장과 일자리를 끊임없이 추적한 성과물인 100가지의 미래 유망직업에 대해 서술하고 있다. 건강하고 안전한 미래, 편리하고 스마트한 미래, 상상이 현실이 되는 미래, 지속성이 보장되는 미래 이렇게 총 4챕터로 이루어져 있고 짧은 글들로 짜였지만 미래 노동 시장과 산업 전반에 대한 내용과 통찰력이 압축돼 있다.

곽동훈 · 김지현 · 박승호 · 박희애 · 배진영 지음 | 444쪽 | 신국판 | 값 25,000원

건강/의학 도서

굿바이, 스트레스

만성피로 전문클리닉 이동환 원장의 속 시원한 처방전!

대부분의 사람들은 흔히 스트레스라고 하면 부정적인 인식이 앞서 '나쁜 스트레스'만 떠올린다. 많은 현대들이 과도한 스트레스 때문에 힘들어하고 심한 경우 신체 질병까지 얻게 된다. 하지만 우리가 보편적으로 인식하고 있는 스트레스의 부정적인 이미지와는 달리 적절한 스트레스는 오히려 삶에 동기부여를 해줄 뿐 아니라 자극제가 되기도 한다. 저자는 스트레스를 무조건 줄이라고 하지 않는다. 오히려 스트레스를 적절히 관리해서 성과와 연결하는 방법을 소개한다. 계속되는 스트레스에 매몰되어 헤매는 것이 아니라 긍정적인 마음의 근육을 키워 스트레스를 통해 새로운 에너지를 얻음으로써 성과까지 창출하는 비법을 배워보자.

이동환 지음 | 260쪽 | 4×6배판 | 값 18,000원

잘못된 치아관리가 내 몸을 망친다

치과의사가 알려주는 치아 상식과 치과 치료의 오해와 진실!

치아는 잠자리에서 일어나는 아침부터 잠자리에 드는 저녁까지 모든 음식을 맛보는 즐거움을 우리에게 선사한다. 오복의 한 가지라 할만큼 치아건강은 인간의 행복에 큰 영향을 미친다. 이 책에서 치과의사인 저자는 일상생활에서 지켜야 할 치아 건강 관리법은 물론 상세한 치과 진료 과정, 치과 진료에서 궁금했던 점을 들려준다. 또한 잘못된 치아관리가 내 몸을 망칠 수 있으므로 제대로 알고 제대로 치료해야 건강한 치아를 간직할 수 있다고 강조한다. 이 책에는 치아전문 일러스트레이터들이 그린 생생한 일러스트를 실어 치료 과정을 쉽게 이해할 수 있도록 했다. 다양한 증상에 어떻게 대처해야 하는지 알려주는 유용한 책이다.

윤종일 지음 | 312쪽 | 4×6배판 | 값 20,000원

취미/기타 도서

매직스윙

좀처럼 골프가 늘지 않는다면 매직스윙하라!

골프를 즐기는 사람은 많지만 정확한 스윙법을 구사하는 사람은 드물다. 프로든 아마추어든 골프를 시작한 나이, 체형, 성별 등에 따라 스윙법이 각각이지만 각 골퍼들의 스윙 문제는 비슷하기 마련이다. 이런 문제 해결을 위해 이병용 프로가 만든 '매직스윙'은 쉽고 간단하면서 효과도 빨라 수많은 유명 연예인, 기업체 CEO들을 반하게 했다. 이병용 프로는 보다 많은 사람들에게 매직스윙이 담긴 독자적인 레슨 이론을 소개하기 위해 책을 펴냈다. 좀처럼 골프 실력이 늘지 않아 고민 중인 분에게 이 책은 마치 직접 개인레슨을 받는 것과 같은 놀라운 경험을 선사할 것이다. 모두 골프의 매력에 빠질 준비를 해보자.

이병용 지음 | 208쪽 | 국배판 | 값 35,000원

위대한 개츠비

20세기 영미문학 최고의 걸작!

1974년에 이어 2013년 또다시 영화화되어 화제를 불러일으켰던 《위대한 개츠비》는 미국인이 가장 좋아하는 대표적 소설이다. 작품 배경이 되는 시기는 제1차 세계대전 직후, 이른바 '재즈 시대'라고 불리는 1920년대다. 급격한 산업화와 전쟁의 승리로 풍요로워진 시대에 전쟁의 참화를 직간접으로 경험한 젊은이들의 다양한 삶의 모습을 매우 섬세한 필치로 풀어낸 작품이다. 소설 속 주인공 개츠비는 젊은 시절의 순수한 사랑을 이루려고 자신을 내던진다. 아메리칸 드림을 이룬 그의 머릿속에는 부의 유혹에 넘어간 사랑하는 여인 데이지를 되찾으려는 생각밖에 없다. 그러나 현실은 그의 꿈을 용납하지 않는데….

F. 스콧 피츠제럴드 지음 | 표상우 옮김 | 4×6판 | 316쪽 | 값 12,000원

성과를 지배하는 힘 시리즈 도서

성과를 지배하는 바인더의 힘

남과 다른 성공을 꿈꾼다면 삶을 기록하라!

프로가 되려면 성과가 있어야 하고, 성과를 내려면 프로세스를 강화해야 한다. '시스템'과 '훈련'을 동시에 만족하게 해주는 탁월한 자기관리 시스템 다이어리 3P 바인더의 비밀을 전격 공개한다. 바인더는 훌륭한 개인 시스템이자 조직 시스템이다. 모든 조직원이 바인더를 사용한다면 정보와 노하우를 손쉽게 공유할 수 있다. 바인더와 책, 세미나를 통해 기적 같은 변화를 체험한 많은 사람의 실제 사례를 소개하여 바인더를 좀 더 활용하기 쉽게 만들었다. 저자는 20여 년간 500여 권의 서브바인더를 만들면서 기록관리, 목표관리, 시간관리, 업무관리, 지식관리, 독서경영 등을 실천함으로써 성과를 지배해온 스페셜리스트다.

강규형 지음 | 신국판 | 342쪽 | 값 20,000원

성과를 지배하는 스토리 마케팅의 힘

마케팅의 성공 비결은 스토리와 공감이다!

세상이 하루가 다르게 변하고 있고 고객의 마음도 초단위로 바뀌고 있다. 누가 한 분야에서 성공했다 하면 모방하는 이들이 빠르게 나타나 순식간에 시장을 나눠가진다. 우리가 사는 21세기의 현실이 이렇다. 기술이 좋고 제품이 훌륭한데도 매출로 연결하지 못하는 기업들의 결정적인 맹점은 '스토리'가 부족하다는 것이다. 이제는 기술과 제품을 뽐내기만 할 것이 아니라 고객의 마음부터 들여다보아야 한다. 수시로 변하는 고객의 마음을 휘어잡는 열쇠, 마케팅! 그 근간에는 자신만의, 자사만의 스토리가 있어야 한다. 이 책이 전하는 스토리 마케팅을 활용한다면 두꺼운 충성고객층과 함께 꾸준한 성과를 창출할 수 있을 것이다.

조세현 지음 | 360쪽 | 신국판 | 값 20,000원

성과를 지배하는 유통 마케팅의 힘

한 권으로 배우는 대한민국 유통 마케팅의 모든 것!

상품이 만들어져 소비자에게 오기까지는 많은 사람의 수고가 필요하다. 그러나 중간에서 징검다리 역할을 해주는 유통업자가 없다면 이 사회는 제대로 돌아가지 못한다. 소비문화가 제대로 정착되려면 유통 시장을 전체적으로 확실하게 이해하는 사람이 있어야 한다. 이 책에는 저자가 20여 년간 유통업계 현장에서 발로 뛰며 얻은 소중한 경험을 담았다. 다방면에 걸친 유통 영업의 노하우, 유통 마케팅 비법뿐 아니라 유통시장의 전체적인 틀을 제시하였다. 공공기관 입찰에 필요한 나라장터 사용법은 물론 직접 거래해보지 않으면 알 수 없는 유통사별 상품 제안서 사용법까지 다양하게 소개하고 있다.

양승식 지음 | 344쪽 | 4×6배판 | 값 20,000원

가 치 있 는 책 은 세 상 을 빛 나 게 한 다

좋은 책을 만드는 스타리치북스

스타리치북스는 기업 및 병의원 컨설팅 전문 그룹 스타리치 어드바이져의 계열사로
경제·경영, 자기계발, 문학서적 등을 출판하는 종합 출판사입니다.
또한, 기업 경영 및 성과관리에 도움이 되는 전문 강사진을 통하여
CEO포럼 및 기업 교육 프로그램을 제공하고 있습니다.

서울특별시 강남구 강남대로62길 3 한진빌딩 3~8층 전화 02-2051-8477 팩스 02-578-8470 www.starrich.co.kr

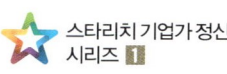
스타리치 기업가 정신 시리즈 1

결핍이 만든 성공

김철회 지음

세이펜 김철회 대표의 기업가 정신

못 배운 덕분에… 무일푼 덕분에… 간절함으로 결핍을 성공으로 채우다!

성공을 위해 영혼을 건 사나이, 영혼을 건 기업가로
결핍을 극복하고 실패와 좌절을 이겨낸 세이펜 김철회의 기업가정신!

StarRich Advisor / StarRich Books   서울 강남구 강남대로62길 3 한진빌딩 3~8층 전화 02-2051-8477 팩스 02-578-8470   www.starrich.co.kr

스타리치 잉글리시는 셀프스터디를 추구합니다!
전세계적으로 사랑받는 영어학습 교재와 세이펜이 만나 영어학습효과를 극대화합니다!

스타리치 잉글리시

세이펜으로 시간, 장소, 횟수의 제약 없이 혼자서도 학습할 수 있는
최고의 셀프스터디 잉글리시 강의교재!

STARRICH ENGLISH

   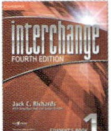 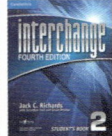

StarRich Books 서울시 강남구 강남대로62길 3 한진빌딩 3층~8층 전화 02-6969-8903 www.starrichmall.co.kr

청소년부터 성인까지 자기주도학습이 가능한 셀프스터디의 최강자

SES
Self-study English with SAYPEN

한 달 학원비로 평생 강의 소장!
한 달 학원 수강료로 평생 무한 반복, 인원 제한 없이
온 가족 함께 학습 가능!

어학 연수 프로그램, SES!
SES와 함께라면 누구나, 언제 어디서나 캠브리지 어학 연수 중!

문법, 회화, 발음, 프리토킹!
SES 하나로 문법부터 프리토킹까지, 영어 스트레스에서 탈출!

SES 강의 기획만 6년!
캠브리지 대학 출판사의 800년 전통에 6년간의
세이펜 강의 기획으로 탄생!

캠브리지가 인정한 강의! 발음! 해석까지! 대한민국 첫 출시 작품!

  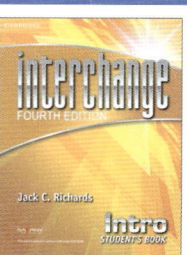 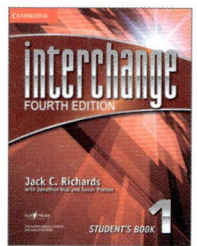 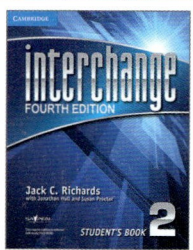

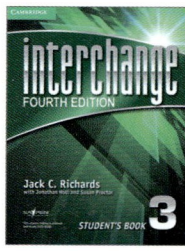    

SES에 대한 자세한 정보 및 구매는 **스타리치몰**(www.starrichmall.co.kr)에서 도움을 받을 수 있습니다.

StarRich Books 서울시 강남구 강남대로62길 3 한진빌딩 3층~8층 전화 02-6969-8903 www.starrichmall.co.kr

기업과 병·의원의 성장과 연속성을 위한 컨설팅 전문 지원센터

조세일보 기업지원센터

기업과 병·의원을 위한 최상의 플랫폼을 제공합니다!

조세일보 기업지원센터는 전문가 자문 그룹을 통한 재무구조 개선과 인사관리, 기업문화 창출 등 기업의 체계적인 성장과 건강한 기업문화를 확립할 수 있는 경영 컨설팅을 지원하고 있습니다.

조세일보 기업지원센터 서울 강남구 강남대로62길 3 한진빌딩 5층 전화 02-6969-8918 / www.joseilbobiz.co.kr

기업과 병·의원의 성장과 연속성을 위한 컨설팅 전문 그룹
스타리치 어드바이져

- 전문가 자문 그룹 플랫폼 제공
- 전자신문 기업성장 지원센터 운영
- 직원 성과 극대화를 위한 교육 프로그램 운영
- 스타리치 어드바이져 Gift Book 서비스
- 조세일보 기업지원센터 운영
- 기업문화 창출을 위한 교육 프로그램 운영
- 스타리치 CEO 기업가정신 플랜
- 김영세의 기업가정신 콘서트 주최

StarRich Advisor / StarRich Books

100년 기업을 위한 CEO의 경영 철학 계승 전략
CEO 기업가 정신 플랜

– 자서전 · 전문서적 · 자기계발서 · 사사 등 –

 문의) 스타리치 어드바이저 & 북스 02) 6969-8903 / starrichbooks@starrich.co.kr

한국경제TV

김영세의 기업가정신 콘서트

100년 기업으로 향하는 기업가정신!

창업주의 경영 노하우와 철학을 제대로 계승하고
기업의 DNA와 핵심가치를 유지하는 질적 성장의 힘!

〈김영세의 기업가정신 콘서트〉는 매월 찾아갑니다.

주관 | 한국경제TV **주최** | 스타리치 어드바이저
후원 | 조세일보 기업지원센터 · 전자신문 기업성장 지원센터

우편엽서

★ StarRich Advisor / StarRich Books

(주) 스타리치 어드바이져&북스 담당자 앞
135-937
서울시 강남구 강남대로62길 3 올리브타워 5층

보내는 사람

당신은 킬링 리더인가 힐링 리더인가?

힐링을 경험해야 힐링 리더가 될 수 있다!

조직을 위한다면서 조직을 망치는 '킬링 리더'
개인과 조직을 함께 살려 내는 '힐링 리더'
당신은 이 시대에 필요한 진정한 리더인가?
우리 모두를 살리는 힐링 리더가 필요하다!

송수용 지음 | 284쪽 | 신국판 | 값 17,000원

 StarRich Advisor / StarRich Books

스타리치 패밀리 회원이란?

하나의 아이디로 스타리치에서 운영하는 사이트(스타리치 어드바이져, 스타리치북스, 스타리치몰, 스타리치 잉글리시 등)와의 모든 거래 및 서비스 이용을 편리하고 안전하게 사용할 수 있는 스타리치 통합 회원제 서비스입니다.

스타리치 패밀리 회원 혜택

- 스타리치몰에서 사용 가능한 적립 포인트(도서 정가의 5%) 제공
- 스타리치북스에서 주최하는 북콘서트 사전 초대
- 스타리치북스 신간 도서 메일 서비스 제공
- 스타리치 어드바이져/북스에서 주최하는 포럼 및 세미나 정보 제공
- 스타리치 어드바이져에서 제공하는 재무 관련 정보 제공

스타리치 패밀리 회원 등록 기존 스타리치 패밀리 회원일 경우 등록된 ID를 기재 부탁드립니다.

이름	연락처
주소	생년월일
이메일 주소	구매 도서명 킬링 리더 VS 힐링 리더
패밀리 회원 ID	소속(회사/학교)

사용하실 패밀리 회원 ID를 적어주시면 임시 비밀번호를 문자로 발송해드립니다.

개인정보 사용 동의서

스타리치 패밀리 홈페이지는 수집한 개인정보를 다음의 목적을 위해 활용합니다. 이용자가 제공한 모든 정보는 하기 목적에 필요한 용도 이외로는 사용되지 않으며, 이용 목적이 변경될 시에는 사전동의를 구할 것입니다.

1) 회원관리
① 회원제 서비스 이용 및 제한적 본인 확인제에 따른 본인확인, 개인 식별
② 불량회사의 부정 이용방지와 비인가 사용방지
③ 가입의사 확인, 가입 및 가입횟수 제한
④ 분쟁 조정을 위한 기록보존, 불만처리 등 민원처리, 고지사항 전달

2) 신규 서비스 개발 및 마케팅·광고에의 활용
① 신규 서비스 개발 및 맞춤 서비스 제공
② 통계학적 특성에 따른 서비스 제공 및 광고 게재, 서비스의 유효성 확인
③ 이벤트 및 광고성 정보 제공 및 참여기회 제공
④ 접속빈도 파악 등에 대한 통계

상위 내용에 동의합니다.

년   월   일   서명_____(인)

스타리치 패밀리 회원 비밀번호 변경은 www.starrichmall.co.kr에서 하실 수 있습니다.
엽서를 보내주시는 분들에 한하여 스타리치몰에서 사용 가능한 포인트(도서 정가의 5%)를 지급해 드립니다.
앞으로 더욱 다양한 혜택을 드리고자 노력하는 스타리치가 되겠습니다. 문의 02-6969-8903 starrichbooks@starrich.co.kr